시스템이 답이다

시스템이 답이다

초판 인쇄 2022년 11월 05일
초판 발행 2022년 11월 11일

지은이 세인트 윤
펴낸이 이태규
북디자인 강민정 • **영업마케팅** 유수진 • **전자책** 김진도

발행처 아이프렌드
주소 대전시 서구 괴정로 107 연흥빌딩 201호(괴정동 53-10번지)
전화 042-485-7844 **팩스** 042-367-7844
주문전화 070-7844-4735~7
홈페이지 www.ifriendbook.co.kr
출판등록번호 제 305 호

ⓒ세인트 윤(저작권자와 맺은 특약에 따라 검인을 생략합니다.)
ISBN 978-89-6204-314-3 (13300)

이 책은 저작권법에 따라 보호받는 저작물이므로 무단 전재와 무단 복제를 금지하며,
이 책 내용의 전부 또는 일부를 이용하려면 반드시 저작권자와 아이프렌드의
서면동의를 받아야 합니다.

• 값은 뒤표지에 있습니다.
• 잘못된 책은 구입처에서 바꾸어 드립니다.

시스템이 답이다

저자_세인트 윤

시도하지 않으면 아무것도 할 수 없습니다.
지금 당장 여러분의 가능성에 도전하는 강력한
메시지를 전해 줄 것입니다.

네트워크 비즈니스는
지금까지 알려져 있는 사업전개 방식 중
가장 합리적인 시스템으로 평가받고 있습니다.
이 비즈니스에서 성공하기 위한 효율적이고
구체적인 실천법이 여러분을 성공자로 안내할 것입니다.

Prologue

미래는 자신의 꿈을 믿는 자의 것입니다.

네트워크 비즈니스는 합리적인 유통 시스템이며 매우 과학적인 원리를 지닌 이 비즈니스는 효율적이고 구체적인 성공의 8단계 실천법을 먼저 이해하고 따르면 누구나 성공할 수 있습니다.

21세기 격변의 시대에 여러분은 네트워크 비즈니스를 한번쯤은 접할 수 있는 기회가 있었을 것입니다. 네트워크 비즈니스는 개인에게 무한한 성공 기회를 제공하며, 이 사업에 참여하는 모든 분들이 함께 성장하는 상생의 비즈니스입니다. 사람은 누구나 삶의 풍요로움을 누리고자 하는 희망을 가지고 있으며 또한 그것을 누릴 수 있는 권리가 있습니다. 성공은 더 이상 나와는 다른 사람의 일이 아닙니다. 이미 그러한 뜻을 가지고 성공한 많은 사람들이 있습니다. 그들의 세계를 '더불어 사는 자본주의'라고 하며 그들은 이미 큰 문화와 사회를 이루어 살고 있습니다.

지금도 네트워크 비즈니스는 이러한 소박한 희망에서 출발하여 수많은 성공자를 배출하고 있고, 역사에 의해 검증된 시스템 비즈니스입니다. 네트워크 비즈니스에는 우리나라에만 500만 이상이 참여하고 있으며, 수십조의 시장을 형성하고 있습니다. 그리고 앞으로 몇 배로 증가할 것입니다.

이 책은 네트워크 비즈니스에서 성공하는 법을 가르치는 입문서입니다. 이 책을 통해 네트워크 비즈니스에 참여하는 모든 분들을 성공으로 가는 지름길로 인도하고자 합니다. 여러분은 확고한 신념을 가지고 이 책의 내용들을 몸소 실천함으로써 성공적인 인생을 살아가기를 기원합니다.

저자. 세인트 윤

Contents

제 1장   왜 나에게는 성공의 기회가 안 올까?

- 12   1. 새로운 사업, 기회와 비전
- 18   2. 경제적 자유를 꿈꾸는가?
- 23   3. 성공하려면 어떻게 해야 하나?

제 2장   네트워크 마케팅 시스템을 이해하라.

- 32   1. 네트워크 마케팅에서의 알고리즘
- 34   2. 왜 시스템을 이해해야 하는가?
- 43   3. 네트워크 마케팅 시스템은 어떻게 움직이나?
- 48   4. 네트워크 마케팅 시스템은 무엇이 다른가?
- 50   5. 네트워크 마케팅 사업은 무엇이 좋은가?

제 3장   성공으로 이끄는 네트워크 마케팅 시스템 8단계

- 54   1. 자신의 꿈과 목표를 설정하라.

58	2. 매일 새롭게 결심하라.
64	3. 명단 및 인맥지도를 작성하라.
69	4. 사람을 직접 만나고 초청하라.
75	5. 사업 설명을 효율적으로 하라.
78	6. 후속조치(Follow Up)를 실행하라.
81	7. 끊임없이 상위자와 상담하라.
84	8. 다른 사람에게서 성공을 복제하라.

제4장 더 중요한 성공의 열쇠

90	1. 컨택(Contact)하라.
96	2. 성공에 초대하라.
99	3. 호일러의 ABC 법칙을 사용하라.

제5장 좋은 관계가 사업의 성공을 낳는다.

110	1. 누구에게나 장점이 있다.
125	2. 신뢰가 우선이다.
131	3. 사업자가 가져야 할 내적자세
136	4. 칭찬이 좋은 관계를 만든다.
144	5. 네트워크 마케팅 사업의 세미나와 랠리
150	6. 반드시 성공의 8단계를 활용하라.
153	7. 어떤 도구(Tool)를 쓸까?

제 1장

왜 나에게는 성공의 기회가 안 올까?

1. 새로운 사업, 기회와 비전
2. 경제적 자유를 꿈꾸는가?
3. 성공하려면 어떻게 해야 하나?

제 1장

왜 나에게는 성공의 기회가 안 올까?

1. 새로운 사업, 기회와 비전

21세기는 격변의 시대입니다. 누구에게나 지금 일어나는 변화가 쉽게 받아들여지기는 어렵습니다. 왜냐하면 변화는 자신이 지금껏 경험한 세계와는 다른 새로운 것이기 때문입니다. 21세기의 변화는 디지털과 네트워크라는 새로운 키워드를 이해해야만 쉽게 적응할 수가 있습니다.

네트워크 마케팅 사업도 21세기를 맞이하여 새로운 사업으로 혁신적인 성장을 하고 있습니다. 기존의 네트워크 마케팅에 인터넷이 결합되면서 사업영역 또한 새롭게 확대되어 가고 있음에도 불구하고 많은 사람들은 아직도 산업사회에서 얽매인 고정관념 때문에 새로운 개념을 이해하지 못하고 있습니다.

독일 철학자 괴테는 '이해할 수 없으면 소유할 수 없는 것'이라고 하였습니다. 변화의 시대에는 새롭고 수많은 지식과 정보가 있지만, 이를 스스로 이해하지 못한다면 아무런 소용이 없습니다. 구슬이 서 말이라도 꿰어야 보배라고 하는 것처럼 새로운 변화를 받아들여야 합니다. 다윈은 '가장 강한 종이 아니라 변화에 적응한 종이 살아남는다.'라고 하였습니다. 성공하는 사람은 많이 알고 있는 사람이 아니라 변화에 적응한 사람들입니다.

세상에는 세 가지 부류의 사람이 있습니다.
첫째는 변화를 이해하고 행동하려는 사람이고,
둘째는 변화를 알지만 행동하지 않는 사람이며,
셋째는 세상에 무엇이 변하고 있는지 알려고도 하지 않는 사람입니다.

인류는 지금까지 몇 번의 큰 변혁을 하면서 문명을 발전시켜 왔습니다. 현재 우리는 지식정보화 사회로 가는 정보혁명이라는 큰 변혁의 소용돌이에 있습니다. 앨빈 토플러는 〈제 3의 물결〉이란 저서에서 이와 같은 시대의 변화를 잘 설명해 주고 있습니다. 우선, '제1의 물결'이라고 보는 첫 번째 변혁이 농업혁명이며, 농업혁명에 의한 농경사회는 약 3,000~5,000년간 지속되었고, '제2의 물결'인 두 번째 변혁인 산업사회는 1,700년대에 시작하여 지금까지 약 300여 년간 계속되고 있으며, 세 번째 변혁인 정보화 사회는 '제3의 물결'로 디지털 혁명의 시대이며 지금 여기 사람들의 의식을 변화시키고 있습니다.

주목할 것은 시대를 지배하는 패러다임의 주기는 점차 짧아지고 있다는 사실입니다. 과거 농경사회에서 산업화를 거쳐 현재에 이르기까지 패러다임의 변화는 3,000년→300년→30년→?년과 같이 그 주기가 매우 짧아지고 있으며 시대별로 생산의 원천이 되는 주요 요소들 또한 노동→기술→자본→지식정보와 같이 변천해 왔습니다.

정보화 사회는 지식정보가 부를 창출하는 핵심요소입니다. 산업의 주축도 농업→제조업→서비스업→지식산업→창조산업으로 빠르게 이동하고 있습니다. 즉, 21세기에는 지식산업을 기반으로 하는 정보화와 디지털의 시대입니다. 이와 같은 디지털 혁명은 정보통신 인프라와 인터넷 망을 통해 짧은 시간에 전 세계로 파급되었습니다. 이제 우리는 인터넷이라는 거대한 가상공간의 네트워크를 통해 서로 공유할 수 있는 시대가 된 것입니다.

20세기 말부터 시작된 정보화 사회의 두드러진 현상은 컴퓨터와 정보통신 기술의 발달, 경영환경의 급변으로 대표되고 있습니다. 이에 따라 사회 구조 또한 과거의 중앙집권적 피라미드 구조에서 수평적, 분권적, 네트워크형 구조로 바뀌고 있습니다.

21세기에는 수많은 정보를 빠르게 수집하여 이를 적절하고도 유용하게 활용할 줄 아는 사람이 정보화 사회의 새로운 지배계층으로 부상하여 부와 명예를 누리게 될 것입니다. 정보와 지식은 부를 창출할 수 있는 필수적인 요소가 되었고, 최근 우리가 많이 듣는 신지식인, 지식경영, 지식산업 등과 같은 용어는 이러한 트렌드를 반영하고 있습니다.

지식·정보사회에 비전만 있는 것은 아닙니다. 많은 경제학자들과 미래학자들이 전망하는 21세기는 빠른 자가 느린 자를 지배하고 부익부, 빈익빈 현상이 보다 가속화되며, 20%의 노동력만으로도 세계 경제를 유지하는데 지장이 없게 됩니다. 약 20%의 사람들만이 일자리와 부를 가지게 되고 약 80%의 사람들은 실업과 빈곤의 고통을 겪게 되는 20:80의 사회가 올 것이라는 우려도 하고 있는데, 사실 그 보다 더 심각할 정도로 변화의 물결이 일고 있습니다. 지식정보화 사회가 그리는 꿈의 미래가 빛이라면, 암울한 현실은 지식정보화 사회의 어두운 그림자가 됩니다.

새로운 사회에 적응하기 위해서는 변해야 합니다. 한번만 변하고 그만두는 것이 아니라 매일매일 변해야 합니다. 어떤 일이든 매일 하는 것은 오히려 쉽지만 가끔 하는 것은 어렵습니다. 변화도 마찬가지입니다. 처음에는 어렵지만 매일 꾸준히 하다보면 쉬워지는 법입니다. 어느 단계를 지나 변화가 습관이 되면 보다 용이해집니다. 운동도 중지했다가 다시 시작하려면 오히려 힘들어지는 것처럼 변화의 속성은 시작하지 않은 사람에게는 넘을 수 없는 거대한 절벽처럼 보일 것입니다. 하지만 일단 시작한 사람에게는 너무나도 간단한 일이 될 것입니다.

변화해야 할 이유가 절실하고 분명하다면 변화를 해야 합니다. 정보 사회로의 적응을 위한 변화와 함께 인생에 대한 자세와 마음가짐도 바꿔야 합니다. 미래는 꿈꾸는 자의 것이기 때문에 미래의 꿈도 여러분이 그려야 합니다. 스스로 달라지지 않으면 미래도 달라지지 않습니다.

네트워크 비즈니스는 변화의 시대에 적응하는 좋은 기회이며 자신의 미래를 위해 새로운 변화에 도전할 수 있는 기회입니다. 네트워크 비즈니스는 변화를 통해서 미래의 꿈을 이루는 사업입니다. 팀워크를 존중하면서 수많은 성공자들이 만들어 놓은 검증된 변화의 길을 따라 2~5년 정도 꾸준히 사업을 전개하면 인생이 보다 풍요로워질 것입니다.

주어진 기회를 활용하십시오. 성공 기회가 제 기능을 다하도록 하십시오. 꿈과 포부를 가지고 항상 바라고 희망하면서도 거기에 기회를 부여하지 않는 사람보다 더 비극적인 것은 없습니다.

-멀린 듀베츠-

2. 경제적 자유를 꿈꾸는가?

지식정보화 사회에서는 지식과 정보가 부를 창출하는 수단이라고 했습니다. 이러한 시대에 우리의 생각과 행동에도 개혁이 필요하다는 것을 절실히 느끼면서도 변화할 줄 모르고 변화를 두려워합니다. 이 방법이 잘못되어 있다면 미래의 결과는 희망적이지 못합니다. 지식정보의 거대한 조류가 우리에게 가져다 줄 미래에는 '빈부의 격차가 더욱 심해진다'는 것이며 이런 현상은 개인이나 국가나 모두 마찬가지입니다.

대체로 많은 사람들이 네트워크 마케팅을 알고는 있지만 인생을 바꿀 수 있는 기회로 이해하는 사람은 많지 않습니다. 네트워크 마케팅 사업에서의 최고의 비전과 가치는 인생의 소중한 자유를 얻을 수 있다는 점입니다. '재정과 시간으로부터의 자유!' 바로 그것이 진정한 자유입니다. 네트워크 마케팅 사업에서의 성공은 재래식 성공과는 전혀 다르며 재래식 성공은 인생의 소중한 가치인 가족, 건강, 인간관계 등을 포기하면서 얻은 성공이기에 부분적인(partial) 성공입니다. 그리고 성공을 유지하기 위해 끊임없이 시간을 투자해야 하므로 시간적 자유도 없습니다. 사업체를 운영하는 많은 사람들은 스스로를 시간의 노예라고 말하기도 하는 것처럼 돈만 버는 재래식 성공은 한계가 있습니다.

네트워크 마케팅은 프로슈머의 시대에 보다 가치 있는 새로운 성공을 가져다줍니다. 재정적 자유와 시간의 자유(Time Rich & Money Rich)를 함께 가져다주는 완전한 성공(Total Success)입니다. 다른 사업과 비교해 보더라도 가장 빠르고 효율적인 방법으로 재정적 자유를 얻게 되고 사람에 따라 다르기는 하지만 2~5년간의 시간과 노력을 투자한다면 하고 싶은 일을 얼마든지 할 수 있는 진정한 자유를 얻을 수 있는 사업입니다.

사람들은 쉽게 그리고 공짜로 성공이라는 열매를 얻으려 합니다. 그러나 세상 모든 일이 그렇듯 꾸준한 노력과 도전정신 없이는 쉽게 얻을 수 없습니다. 정당한 대가를 치러야 하는 것입니다. 이 책은 정당한 대가를 지불하기로 결단한 사람들에게 네트워크 마케팅 사업을 성장시키는 비밀을 안내하고 있습니다. 네트워크 마케팅 사업의 놀라운 특징 중의 하나는 이미 검증된 사업성공 방법이 있다는 것입니다. 여기서는 그 방법을 네트워크 마케팅 시스템이라고 칭합니다.

이 책의 목적은 우선 네트워크 마케팅 시스템을 이해하는데 있으며 또한 그 시스템이 무엇인지 네트워크 마케팅 시스템 안에서 하는 사업의 원리가 무엇인지를 정확하게 이해한다면 네트워크 마케팅은 간단하고 분명한 모습으로 다가 올 것입니다. 이 사업은 누구나 시스템대로만 한다면 성공할 수 있습니다. 이것은 쉽다는 것이 아니라 원리가 확실하다는 것입니다.

여기에서 '진정한 부'란 충분한 돈과 충분한 시간을 가지고 있어서 자신의 시간과 자신의 돈을 자신이 원하는 대로 쓸 수 있는 자유를 뜻합니다. 즉, 돈은 있는데 시간이 없거나 시간은 자유로운데 돈이 없다면 진정한 부자라고 이야기 할 수 없습니다.

매일 매일을 다람쥐 쳇바퀴 도는 사람의 모습이 아니라, 인생에서 성공하기를 진심으로 원하는 여러분은 고정관념을 깨고 마음의 문을 열어 부를 창조해 내는 다른 대안을 받아들여야 합니다. 생각이 바뀌면 행동이 바뀌고, 행동이 바뀌면 습관이 바뀌고, 습관이 바뀌면 인생이 바뀐다고 필자들은 말하고 있습니다.

우리는 태어날 때부터 부자이거나 혹은 가난한 부모의 자식으로 태어나거나 환경이 다르게 태어났지만, 시간만큼은 하루에 24시간이라는 동일한 양의 시간을 가지고 태어납니다. 그런데 어떤 이들은 그 시간을 잘 활용하여 부자가 되고 어떤 이들은 그 시간을 잘못 사용하여 가난뱅이가 되기도 합니다. 부를 이루는 데에는 같은 양의 시간동안 어떤 비즈니스를 했느냐에 따라서 그 크기가 달라집니다.

만일 여러분이 열심히 일하고 정직한 것만으로 부를 가져올 수 있다면 다시 생각해 보아야 합니다. 무조건 열심히 일한다고 해서 부가 오지는 않습니다. 시대의 흐름과 사업의 원리를 올바로 이해하고 보다 영리하게 일해야만 합니다. 부가 엄청난 규모로 올 때는 열심히 일한 결과만으로는 오지 않으며, 부는 확고한 욕구에 부응해서 확실한 원리들에 적용함에 기초를 두고 달성되는 것이지 열심히 일만 한다고 기회와 행운이 저절로 찾아오는 것은 아닙니다.

지금의 결과가 마음에 들지 않는다면 방법을 바꿔야 합니다. 같은 방법으로는 항상 같은 결과밖에는 얻을 수 없지 않습니까?

꿈이 없는 인생은 얼마나 지루하고 의미 없는 삶이겠습니까? 성경에서 솔로몬은 꿈이 없는 자는 죽은 것과 같다고 했습니다. 이제 여러분도 큰 꿈과 큰 이상을 목표로 설정하고 그것을 달성하기 위한 새로운 삶을 위하여 출발할 때입니다. 사람은 누구나 그 마음으로 생각하는 바와 같이 그 결과가 이루어진다고 하였습니다.

명확한 목표는 성공과 실패를 좌우하고 삶의 좌절과 의욕을 좌우하며 행복과 불행을 좌우합니다. 확고하고 분명한 목표에 의해 풍요로운 삶이 전개되는 것입니다. 그리고 가장 훌륭한 성공은 내적인 열정을 반영합니다.

-케네스 힐데브란트-

3. 성공하려면 어떻게 해야 하나?

　네트워크 마케팅 시스템은 검증된 성공의 원리를 가르치는 시스템입니다. 이 시스템은 평범한 사람들을 돕고 꿈을 키워주는 사업입니다. 이 시스템의 원리가 나의 마음속에 새겨지고 습관처럼 작용한다면 성공은 시간문제입니다.

　성공은 성취하는 시간보다 준비하는 시간이 더 길다고 합니다. '과연 내가 할 수 있을까?' 라는 의혹에 시간을 빼앗기지 말고 네트워크 마케팅 시스템을 올바로 이해하고 시스템 안에서 사업을 진행하는데 전력해야 합니다. 그러다보면 2~5년 안에 원하던 목표에 달성할 수 있습니다.

　이미 네트워크 마케팅 사업은 디지털 세계에서도 커다란 사업으로 자기 위치를 찾았고 성공한 많은 사람들이 문화를 만들어서 사업 환경이 매우 좋아졌습니다. 사업 환경이 성공을 보장하는 것은 아니지만 좋은 환경을 호흡하고 다룰 줄 아는 사람만이 성공할 수 있습니다. 꿈과 변화가 없는 사람에게는 좋은 환경과 나쁜 환경이라는 구분이 없고 오직 두려운 환경만이 있을 뿐입니다.

　산업사회는 '돈 부자(Money Rich)'는 있어도 '시간 부자(Time

Rich)'는 없습니다. 어렵게 이룬 성공을 유지하기 위해서는 많은 시간을 필요로 하며 치열한 경쟁 때문에 성공을 유지하기란 그리 쉽지 않습니다. 그래서 재래식 성공의 특성은 일시적이라고 합니다. 이 성공은 일순간이고 경쟁은 계속되는 것입니다. 그 과정에서 자신은 가정과 가족원들로부터 소외되어 인생에서 가장 소중한 것을 희생시키는 결과를 낳는 것입니다. 성실한 노력과 올바른 관계보다는 윈-루즈(Win-Lose)의 정글법칙이 지배하기 때문에 사업체의 노예가 되기 쉽습니다.

그러나 네트워크 사회에서는 나의 손을 떠나서도 계속 성장해 가는 사업체를 가질 수 있고 시간과 공간의 제한 없이 뻗어 갈 수 있는 사업의 기회가 있습니다. 건물, 토지와 같은 유형의 자산이 아니라 정보와 지식, 관계로 만들어진 무형의 자산은 무한한 가능성이 잠재되어 있습니다.

정보와 지식은 나눌수록 커지게 되어 있습니다. 빌 게이츠는 PC의 운영 체제에 관한 정보와 지식을 수많은 사람들과 나눔으로써 거대한 부자가 되었으며, 맥도날드 역시 햄버거 프랜차이즈라는 시스템을 통해 성장했습니다. 프랜차이즈 시스템은 점포와 부동산 임대라는 면에서는 재래식이지만 햄버거 유통을 어느 지역, 어느 곳에서나 가능하도록 만든 정보화 지식 시스템을 판매하는 첨단 사업입니다. 〈부자아빠 가난한 아빠2〉의 저자인 로버트 기요사키는 "은행은 돈 버는 시스템을 갖지 않은 사람들에게는 돈을 빌려주지 않는다."고 했습니다. 나의 사업체에 시스템적인 요소가 없다면 재래식 사업입니다. 사업체가 성공 시스템이 운영되지 않는다면 전형적인 자영사업(Self-Employed)입니다.

21세기 네트워크 사회에서는 사업의 종류와 관계없이 시스템적인 요소를 갖는 사람만이 승자가 됩니다. 거대한 기업군을 거느렸던 우리 재벌들이 한 순간에 무너진 것은 올바른 시스템이 없었기 때문입니다. 나이가 들어서도 사업체의 노예가 되어 여유로운 노후 생활을 즐길 수 없을 뿐 아니라 병든 몸을 이끌고 사업체를 유지해야 하는 고초가 따릅니다. 시스템이 없으면 명예로운 은퇴도 보장되지 않을 뿐더러 재정적인 자유와 시간의 자유를 보장받기는 어렵습니다. 완전한 성공은 시스템이 있는 무형의 자산 속에서 나오는 것입니다.

로버트 기요사키는 〈부자아빠 가난한 아빠〉라는 자신의 저서에서 재정적 자유로 가는 길을 선명하게 보여주고 있으며 돈을 위해 끊임없이 시간을 투자해야 하는 직장, 자영사업 또는 전문직의 한계를 말하고 있습니다. 돈과 시간을 맞바꾸는 일은 산업사회의 재래식 성공에 의한 재래식 수입입니다. 돈의 크기만 다를 뿐 결국은 시간의 자유가 없다는 의미에서 재래식 사업이라고 합니다.

그러나 21세기 네트워크 사회는 돈 부자와 시간 부자가 동시에 가능한 사회입니다. 20세기에는 산업사회의 일부에서만 가능했지만 21세기 네트워크 사회에서는 다양한 분야에서 가능해집니다. 다만 그것은 자신만의 사업에서만 가능한 것입니다. 이제 직장에서 꿈을 이루려는 사람은 적습니다. 21세기는 1인 사업가의 시대입니다. 수많은 젊은 사람들이 창업의 꿈을 갖고 있습니다. 특히 21세기에는 재정적 자유를 이룰 수 있는 새로운 사업의 기회가 많아지며 일반 사업에서는 엄두도 못 내는 시간의 자유와 은퇴를 목표로 일을 할 수 있는 기회가 오고 있습니다. 그러므로 시스템이 있는 사업체를 가져야 합니다.

과거에 많은 사람들이 개인적인 판단과 과도한 욕심으로 사업을 추진했고, 그 과정에서 네트워크 마케팅 기업이 추구하는 고귀한 가치와 본질이 많이 훼손되고 변질되었습니다. 이를 계기로 다양한 직종을 가진 다양한 사람들이 질서 정연하고 일관성 있게 사업을 진행해 나갈 수 있는 방안의 필요성을 실감하게 되었습니다. 각자가 추구하는 꿈과 목표를 달성하도록 도와

줄 수 있는 체계적인 사업진행 방법을 모색하게 된 것이 바로 네트워크 시스템입니다. 이 방법은 체계적이고 합리적인 접근방법이며 사업의 지속적인 성장과 발전을 위한 올바르고 윤리적인 사업 전개 방법입니다.

네트워크 시스템은 복제와 축적이 가능하도록 지속적으로 가르치는 교육 프로그램이며 자기 계발과 개인의 성장을 통해 사업의 성장을 도모할 수 있도록 하는데 그 목적을 두고 있습니다. 이 검증된 시스템은 이미 미국에서 지난 수십 년 동안 사업이 진행되어 왔습니다. 누구나 올바른 네트워크 시스템과 플러그인 된다면 개인의 능력에 의해서가 아니라 입증된 시스템에 의해 사업이 성장하고 더욱 견고해집니다. 그래서 우리는 네트워크 시스템에 입각한 이 사업을 복제와 축적의 사업이며 교육, 상담 사업이라고 부릅니다.

네트워크 마케팅에서 성공의 첩경이 있다면 그것은 오로지 입증된 패턴과 성공 시스템을 철저하게 따르고 복제하여 축적시킴으로서 얻을 수 있으며 다른 성공 묘안은 없습니다. 따라서 성공적인 사업 출발을 위해서는 먼저 여러분 스스로가 네트워크 시스템에서 제시하는 원리를 충분하게 이해하고 따라하는 것이 중요합니다.

네트워크 시스템은 표준화(Standardization)와 단순화(Simplification)를 통한 복제의 원리이며 교육을 통해 전문화시키는 기본 원리를 가지고 있기 때문에 이 패턴은 배우기 쉽고 가르치기도 쉽습니다. 이 검증된 성공의 원칙 8단계를 한 사이클로 이해하고 일관성 있게 실행한다면 여러분은 반드시 원하던 목표에 도달할 수 있을 것입니다.

아름다운 비전을 귀하게 여기고 마음속에는 높은 이상을 품은 사람은 언젠가 그 비전과 이상이 실현되는 것을 볼 수 있을 것입니다. 여러분의 비전은 미래의 모습에 대한 약속입니다.

-제임스 알렌-

제 2장

네트워크 마케팅 시스템을 이해하라.

1. 네트워크 마케팅에서의 알고리즘
2. 왜 시스템을 이해해야 하는가?
3. 네트워크 마케팅 시스템은 어떻게 움직이나?
4. 네트워크 마케팅 시스템은 무엇이 다른가?
5. 네트워크 마케팅 사업은 무엇이 좋은가?

제 2장
네트워크 마케팅 시스템을 이해하라.

1. 네트워크 마케팅에서의 알고리즘

알고리즘(Algorithm)은 인도 아랍을 거쳐 유럽에 보급된 용어로서 필산을 뜻합니다.

아랍의 수학자인 알콰리즈미의 이름에서 유래한 것으로서 '잘 정의되고 명확한 규칙들의 집합 또는 유한번의 단계 내에서 문제를 풀기위한 과정으로, ①명확성 ②효율성 ③입력 ④출력 ⑤종결을 암시합니다.'

이러한 의미로서 네트워크 마케팅에서도 성공에 이르기까지 명확한 규칙들을 지킴으로 성공할 수 있는 시스템 부분(알고리즘)이 내포되어 있다는 관점에서 컴퓨터처럼 복잡하지만 네트워크 마케팅 시스템의 '알고리즘'을 안다면 그리 어려운 것도 아닙니다.

지금부터 성공할 수 있는 네트워크 마케팅에서의 시스템을 이해하고 분석하여 활용한다면 성공할 수 있습니다.

God gives every bird its food, but dose not throw it into the nest.
신은 모든 새들에게 음식을 줍니다. 하지만 둥지 안에 그것을 던져 넣어 주진 않습니다.

2. 왜 시스템을 이해해야 하는가?

시스템이란? 하나의 공통적인 목적을 수행하기 위해 조직화된 요소들의 집합체라고 정의할 수 있습니다. 이 용어는 가끔은 조직이나 계획 그 자체로 묘사되기도 하고 컴퓨터 시스템 내의 일부분(수행하는 단계들)으로 묘사되기도 합니다.

우주나 자연의 모든 것은 하나의 시스템이라고 말할 수 있습니다. 사람들은 우리 모두의 생활에 영향을 주는 이 지구상의 여러 시스템들을 가리켜 '생태계(ecosystem)'라는 신조어를 만들어냈습니다. 이렇듯 시스템이라는 용어는 많은 것들을 이 용어로 표현할 수 있기 때문에 매우 유용하기도 하지만 반면에 좀 더 구체적인 용어가 요구될 때는 그렇지 못할 경우도 있습니다.

네트워크 마케팅도 일종의 알고리즘 즉, 수학공식이 포함된 성공 시스템입니다. 네트워크 마케팅 시스템은 한 번에 일확천금을 약속하는 것이 아니라 일정한 통로를 통해 정기적인 수입이 들어올 수 있도록 만드는 사막의 파이프라인과 같습니다. 만드는 데에는 어느 정도의 수고와 시간은 들지만, 일단 구축해 놓으면 정기적으로 일정한 이익을 얻을 수 있으며 허상이 아닌 현실 속에서 경제적 자유를 누리게 되는 것입니다. 거기에 노력 여하에 따라 시스템을 복제하여 더 큰 파이프라인을 연결함으로써 더 큰 이익을 얻을 수 있습니다.

예전에는 물을 먹기 위하여 물통이나 물지게로 물을 퍼서 날랐지만, 수도 파이프가 들어오고 나서부터는 꼭지만 틀면 물이 나옵니다. 또한 도시가스 파이프가 설치되기 전에는 땔감, 연탄, LPG통을 날라야 했지만 이제는 밸브만 열면 가스를 편리하게 쓸 수가 있습니다.

네트워크 마케팅 시스템을 이해하기 위해서는 네트워크 마케팅이 무엇인지 먼저 알아야 합니다. 익히 알려져 있듯이 네트워크 마케팅은 소매상이나 도매상, 슈퍼마켓 등 유통 경로를 거치지 않으며 TV, 잡지 등 대중매체를 통한 광고를 하지 않는 대신 소비자가 상품의 우수성과 독특함을 인정하여 자발적으로 상품을 구매하여 쓰는 소비자이자 소개자인 독립사업자(Independent Business Owner)가 되어 주위 사람들에게 상품을 권하는 새로운 유통방식입니다. 상품을 나누어 쓰거나 판매하는 과정을 통하여 새로이 형성된 소비자들이 다시 소비자인 동시에 사업자가 되는 과정(파이프라인 공사가 시작되는 과정)이

지속됨으로서 상품의 수요범위가 점차로 넓어지는 프로슈머 유통방식입니다.

네트워크 마케팅은 스스로 희망하는 수입액을 정할 수 있으며 평생 권리 수입(파이프라인 공사가 완성되는 날)을 얻을 수 있습니다. 또한 고품질 상품에 접근할 수 있으며 전 세계에 사업을 전개할 수 있는 장점이 있습니다.

네트워크 마케팅은 다단계 판매와 동의어로 사용되며 피라미드 판매는 아닙니다. 네트워크 마케팅은 대량고객에 대한 일방적인 마케팅 활동 대신, 특정고객 개개인을 겨냥한 마케팅을 수행하기 때문에 유통속도가 빨라 신생회사의 시장개척에 적합한 판매방식이기도 합니다.

일반적으로 제품이 생산자에서 소비자의 손에 직접 전달되기까지는 총판, 도매상, 소매상을 거칩니다. 이런 복잡한 과정에서 인건비, 광고 홍보활동, 임대료, 관리비, 운송비, 유지비 등이 듭니다. 소비자는 생산자가 만든 제품의 원가에 이러한 비용까지 추가해 상품을 구입하는 셈입니다. 제품마다 다르지만 유통비용은 대략 제품가격의 60%를 웃돕니다.

반면 네트워크 마케팅에서는 총판이나 다른 어떤 유통경로를 거치지 않고 직접 소비자에게 전달하고 유통단계를 대폭 줄 였다는 점에서 할인점과 비슷하지만 구매자가 상품을 쓰는 실소비자인 동시에 그 상품을 판매하는 판매자가 될 수도 있다는 점에서 차이가 있습니다. 별도 광고 없이 판매가 이뤄진다는 점도 특징입니다. 쉽게 말해 유통단계를 줄이고 광고도 하지 않고 팔기 때문에 소비자에게 원가에 가깝게 제품을 공급할 수 있는 혁신적인 유통방식인 셈입니다. 여기에 소비자이자, 곧 판매원이기도 한 다단계판매 회원은 무점포 사업을 할 수 있는 기회도 얻는 것입니다.

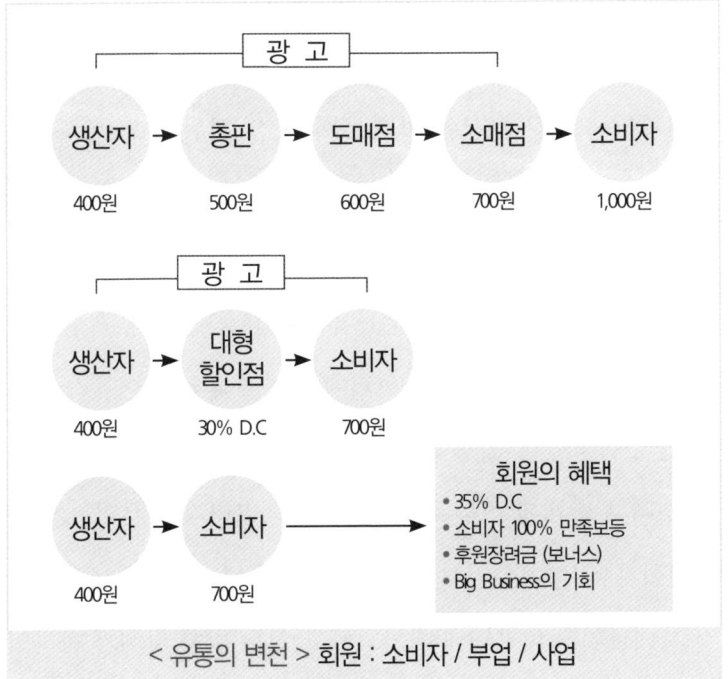

예를 들어 설명해 보겠습니다. 영화 〈아바타〉를 보고 나서 다른 사람들에게 '참 재미있더라, 한번 보라'고 소개하였습니다. 그렇지만 어떤 영화사나 극장도 이런 '구전광고'(입소문)에 대해 보상을 해주지 않습니다. 영화사나 극장이 보상을 해주고 싶다 하더라도 구전광고를 했다는 검증을 할 장치가 없습니다. 이에 반해 네트워크 마케팅 회사는 이런 구전광고에 대해 보상을 해주는 장치가 마련되어 있습니다. 회원제로 운영하기 때문에 누구 소개를 받고 네트워크 마케팅 회사의 회원이 되어 물건을 사서 썼다는 검증 및 보상이 가능합니다. 이런 보상체계는 곧 사업으로 연결시킬 수도 있습니다. 결국 애초의 회원은 구전광고에 대한 보상을 받고 소개 받은 회원은 좋은 제품에 대한 정보를 얻고, 할인과 환원을 받으며 회사는 매출을 확대하는 '윈-윈 전략'입니다.

네트워크 마케팅 회사에서 공급하는 제품이 질 좋고 값싸다는 확신이 든 사람들에게는 여기에 뛰어들지 않을 이유가 없습니다. 굳이 다른 이들을 끌어들이지 않고 좋은 제품을 사서 쓰는 소비자 단계에 머물 수도 있습니다. 그러다가 우연찮게 사업기회가 생긴다면 일석이조가 아니겠습니까? 더욱 매력적인 것은 네트워크 마케팅에서 차지하고 있는 위치 자체가 하나의 자산으로 평생 유지될 뿐 아니라 자손대대로 상속까지 할 수 있는 구조로 짜여 있습니다.

네트워크 마케팅 사업에서 왜 시스템이 필요하고 그것은 얼마만큼의 중요한 비중을 차지하는 것일까요? 맥도날드, KFC, 스타벅스 등과 같은 세계적인 유명한 브랜드는 프랜차이즈 시스템의 대명사이며 성공이 보장된 사업으로 인식되어 있습니다. 프랜차이즈 사업은 성공을 보장해 주는 독특한 시스템을 가지고 있어서 사람들은 값비싼 로열티(Royalty)를 지불하고서라도 이 사업을 하고자 합니다. 성공할 수 있는 시스템은 개인의 능력 차이에도 불구하고 그 시스템대로 따라 하기만 하면 즉, 복제만 잘하면 성공을 보장해 주는 매우 효과적인 방법입니다. 프랜차이즈 시스템은 누구든지 성공하도록 도와줍니다. 이를 좀 더 살펴보면 상품이 우수하고 합리적인 가치를 가지고 있더라도 상품을 중심으로 사업이 전개될 경우에는 개인의 능력에 따라 사업의 크기가 좌우됩니다. 프랜차이즈 시스템이 뒷받침 될 때 개인의 능력이나 배경보다는 시스템을 이용하는 정도에 따라서 사업의 크기가 결정됩니다. 따라서 이 분야에서 가장 크게 성공한 사업자들의 성공비결은 바로 이 시스템을 얼마나 잘 활용하느냐에 달려 있습니다. 그러나 프랜차이즈 사업은 누구나 시작할 수 있는 것은 아닙니다. 어느 정도의 자본을 소유한 소수의 사람들에게만 사업 기회가 주어집니다. 네트워크 마케팅 시스템은 프랜차이즈 시스템과는 달리 일정규모의 자금을 투자하지 않아도 평범한 사람들이 참을성을 가지고 꾸준히 활동하면 고액연봉자의 대열에 합류할 수 있습니다.

네트워크 마케팅 시스템은 성공하기 위해 사람들이 갖추어야 할 올바른 자세를 갖게 해줍니다. 모든 사업에서의 성공여부는 그 사업을 하는 사람의 자세(Attitude)에 달려 있습니다. 모든 사업에서 성공하기란 매우 어려운 일입니다. 실망과 좌절도 수없이 경험하게 될 것입니다. 성공할 수 있는 가능성이 희박하기 때문에 성공이 가시화되기 전에 미래의 보상을 믿는 낙관적이고 밝은 마음이 무엇보다 중요합니다. 네트워크 마케팅 사업을 밑바닥부터 키워나가는데 필요한 낙관적인 태도와 불굴의 정신을 천성적으로 타고난 사람은 거의 없습니다. 선천적으로 잘 견디고 낙관적인 사람이 있더라도 부정적인 메시지와 비관적인 환경이 그들의 사기를 떨어뜨리기 때문입니다. 따라서 참을성을 가지고 이에 필요한 교육용 책과 영상 자료를 접하면서 대규모 세미나 등을 통해 다른 네트워커들과 만나 부정적인 생각을 없애고 꾸준히 활동하는 것이 가장 현실적인 해결

책입니다. 많은 이와 함께 모여 비즈니스 활동을 하다보면 어떻게 좋은 결과를 낼 수 있는지를 자연스럽게 알게 될 것입니다.

네트워크 마케팅 사업을 지원해 주는 시스템은 우리에게 보다 긍정적인 자세를 갖게 하고 사업을 해 나가는 원칙과 방법을 공유하도록 도와줍니다. 이것은 마치 목수가 사용하는 망치와 톱과 같은 역할을 합니다. 그래서 이런 것들은 사업을 키우는 '도구(Tool)'라고도 부르며 많은 사업가들은 책이나 유튜브 영상을 통해 끝없이 배우고 자극을 받고 용기를 얻곤 합니다. 성공자들이 쓴 책을 통해 그들의 생각을 닮고 그들의 자세를 배우고 만남을 통해서 그들의 대인관계 기술을 배우는 것은 매우 중요합니다.

'유유상종'이라는 명언도 있습니다. 성공하려면 성공한 사람들과 함께 어울려야 합니다. 선박왕인 '오나시스'는 부두 노동자로 일하면서 받은 월급으로 일주일에 반드시 한번은 선주나 선장들이 파티를 하는 고급 레스토랑에서 식사를 했습니다. 그는 그들의 생각과 말투, 라이프스타일을 배우고자 했던 것입니다.

오나시스처럼 성공자들을 직접 만난다는 것은 물질적, 시간적 제약으로 인해 쉽지 않지만 성공자들의 자서전이나 교육용 책들을 통해 우리는 간접적으로 그들을 만나고 그들의 생각을 배울 수 있습니다. 이런 툴(Tool)들을 지속적으로 사용함으로써 우리는 자신의 고정관념을 버릴 수 있고 실패할 수밖에 없는 나쁜 습관을 성공 습관으로 바꿀 수 있습니다. 스티븐 코비는 과거 200여 년간 수많은 성공자들을 연구한 결과 그들에게서 공통적으로 발견되는 성공의 비결을 발견했습니다. 그것이 바로 〈성공하는 사람들의 7가지 습관〉입니다. 네트워크 마케팅 툴은 바로 우리들에게 성공하는 사람들의 습관을 갖도록 도와줍니다.

The greatest mistake you can make in life is be continually fearing you will make one.
우리들이 인생에서 범하는 최대의 실수는 실패를 두려워하여 끊임없이 겁을 먹는다는 것입니다.

3. 네트워크 마케팅 시스템은 어떻게 움직이나?

네트워크 마케팅 사업에는 누구나 성공할 수 있도록 검증된 시스템이 있습니다. 문제는 자신의 방식만을 고집하는 것입니다. 처음부터 겸손하게 시스템대로 따라야 하는데 대부분의 사람들은 자신의 경험과 사업내용을 가지고 편하고 쉬운 길을 가려고 합니다. 시스템은 처음에는 부자연스럽고 어렵게 느껴지지만 알고 보면 매우 쉬운 것입니다.

일반적으로 운동에는 자세를 배우고, 그 자세를 가다듬기 위한 훈련 프로그램이 있습니다. 이 훈련 프로그램도 일종의 시스템입니다. 물론 각자의 창의력과 개성은 존중하지만 성공하려면 시스템이라는 원리에 순복(submission: 자발적으로 따름)하는 자세가 중요합니다.

최고의 골퍼 타이거 우즈도 자신의 방식이 아닌 훈련 프로그램을 통해 훌륭한 스윙 폼을 유지합니다. 네트워크 마케팅 사업에서도 시스템은 성공으로 가는 길에 있는 장애물과 시련을 넘게 하는 성공 프로그램입니다. 즉 재정적인 자유에 이르게 하는 '다리'라고 말할 수 있습니다. 이 사업을 시작한 사람들에게 네트워크 마케팅 시스템은 평등합니다. 차이가 있다면 사업을 하는 사람들의 차이뿐입니다. 동일한 네트워크 마케팅 시스템을 가지고 하는데도 사업을 진행하는 방식은 차이가 있습니다. 단기간의 수입을 바라는 사람은 제품 중심의 사업을 하게 됩니다.

미국에서도 1960~1970년대까지는 제품 중심의 사업을 했습니다. 우리나라에서도 1991~1998년까지는 제품 중심의 사업 분위기가 우세하였지만 최근에는 단기적인 제품 중심의 사업보다는 장기적인 관점에서 네트워크 중심의 사업을 하는 사람들이 크게 늘고 있습니다. 상품(제품)보다는 사람을 중심에 두는 것이 더 중요하다는 것을 알았기 때문입니다.

네트워크 마케팅 시스템은 사업을 성장시키는 훌륭한 도구입니다. 꿈과 열정을 갖고 거대한 사업체를 만들기 위해 뛰었던 사람들의 성공 경험 속에서 시스템은 탄생했고, 검증된 시스템 속에서 수많은 사람들이 성공을 하였습니다.

네트워크 마케팅 사업에서 성공한 모든 사람들은 시스템 안에서 사업을 한 사람들입니다. 자신의 능력과 노력보다는 시스템을 따라 사업을 했을 때가 더 쉬웠다고 증언합니다. 시스템은 사람을 변화시키고 변화된 인간관계 속에서 휴먼 네트워크(Human Network)를 만들도록 돕는 성공의 도구입니다.

우리들은 지금까지 소요된 것에 비례해 결과가 나오는 1차 단순형 체계를 모방하면서 살아왔습니다. 따라서 '시간당 임금 × 일한 시간 수 = 수입'이었고 그 결과 수입을 늘리려면 시간당 임금이 오르든지 일하는 시간을 늘리는 수밖에 없었습니다. 그러나 여러분의 노력을 지렛대 방식을 이용해서 10시간의 일로 100시간, 1,000시간의 수입을 올릴 수 있는 비결이 바로 네트워크 마케팅 시스템입니다.

네트워크 마케팅은 처음에는 누구나 혼자서 시작하지만 일정한 기간이 지나면 승수법칙에 의해 폭발적으로 인원의 증가가 이루어지며(네트워크 형성) 그로 인한 매출액은 엄청나게 커지게 됩니다. 예를 들어 나 혼자서는 한 달에 30만 원 정도의 물품 밖에 사용할 수 없지만 나의 네트워크 인원이 만 명이라고 가정하면 전체 나의 네트워크에 의한 매출액은 월 30억 원 이상이 됩니다. 네트워크 마케팅의 시작은 미미하나 그 끝은 심히 창대 할 수 있는 빅 비즈니스(Big Business)입니다.

네트워크 마케팅은 초기단계에서는 소비자 그룹을 통해 3~5명을 구축해야 하나 이때에도 물건을 가지고 다니면서 판매하는 것이 아니라 자신이 물건을 애용하고 품질과 가격 면에서 우수한 품목의 정보를 아는 사람에게 전달(광고)하면 되는 것입니다. 일정단계(직급)부터는 조직을 관리하고 그 파트너(다운라인)들이 성공할 수 있도록 후원하고 교육하는 일을 해야 하기 때문에 네트워크 마케팅을 교육 사업이라고 부르는 것입니다.

네트워크 마케팅은 자기가 후원한 다운라인의 사람들을 진심으로 도와주고 협력해 나가는 자기 희생정신과 좋은 인간관계를 유지하고 남으로부터 신뢰를 받는 사람이라면 누구나 가능합니다. 또 이미 만들어 놓은 시스템대로 따라 하면 되는 사업입니다. 네트워크 마케팅은 개인적인 자영사업이므로 자기가 정하는 성공의 크기만큼 하면 되며 최고의 성공을 원하면 거기에 맞는 노력을 하면 되고 작은 성공을 원한다면 거기에 맞게 노력을 하면 되는 것입니다. 따라서 포기만 하지 않는다면 완전한 패배라는 것은 없습니다. 일정기간 동안의 노력으로 확보된 소득이 평생 동안은 물론 상속까지 되기 때문에 자기가 일을 멈추면 소득도 멈추는 다른 사업과는 다릅니다. 또 이달보다 다음 달의 소득이 더 많고 금년보다 내년의 소득이 더 많으며 소득이 확실히 보장되기 때문에 진정한 부를 이룰 수 있습니다. 평소에 꿈꾸던 인생에서 보람도 느낄 수 있으며 명예도 얻을 수 있습니다.

스스로 동기를 불러일으킬 수 있다면 어떠한 난관도 극복할 수 있습니다. 우리가 살아가면서 받게 되는 모든 자극은 우리를 더욱더 높은 목표를 향해 나아갈 수 있도록 의욕을 북돋워 줄 수 있습니다.

-찰스T. 존스-

4. 네트워크 마케팅 시스템은 무엇이 다른가?

네트워크 마케팅 시스템을 통해 네트워커들은 정보와 지식을 나눕니다. 또한 사업을 하면서 주위 사람들의 부정적인 생각 때문에 빼앗겼던 소중한 꿈을 시스템을 통해 다시 키우게 됩니다.

소수의 사람만이 할 수 있는 방법은 누구나 할 수 없습니다. 네트워크 마케팅 사업은 누구나 따라 할 수 있는 쉬운 사업입니다. 그렇기에 누구나 할 수 있는 사업 방법을 찾아야만 성공할 수 있습니다. 이 사업은 꿈이 있고 꿈을 이루고자 하는 굳건한 마음만 있다면 누구나 도전해 볼 수 있는 사업입니다. 또한 보다 다양한 사람들이 성공한, 검증된 사업이며 누구나 할 수 있는 비즈니스입니다.

네트워크 마케팅에서의 꾸준한 노력은 점차 축적됩니다. 축적된다는 말은 한 번의 노력이 일정 시점을 지나면 시스템 안에서 수십 배의 승수효과를 갖는다는 것입니다. 기존의 직장이나 자영사업에서는 한 번의 노력이 한 번의 결과만을 가져왔지만 네트워크 마케팅 시스템에서는 한 번의 노력이 복제되어 엄청난 결과를 만들어내고, 또한 이달의 노력이 다음 달로 그리고 지속적으로 이어지며 축적되는 즉 1명에서 10명, 100명, 1,000명, 10,000명으로 커지는 사업으로서 이러한 축적성과 복제력이 사업의 성장을 배가시킵니다.

2~5년의 노력이 재래식 사업의 10배의 성과를 가져다 줄 수 있습니다. 또한 네트워크 마케팅 시스템은 혼자가 아니라 다함께 장애물을 극복하도록 도와줍니다.

어떤 일이든 열심히 그것만을 생각한다면 반드시 운이 트일 날이 있습니다.

-발자크-

5. 네트워크 마케팅 사업은 무엇이 좋은가?

네트워크 마케팅 사업은 남을 돕는 사업입니다. 어떤 일이든 하고자 하는 의욕은 있으나 돈(자본)이 없어서 아무 일도 하지 못하는 사람에게 정보를 전달하고 교육하고 후원하여 그 사람을 성공시킬 수 있는 사업입니다. 남을 도와서 그 사람을 성공시키고 그 사람의 성공과 함께 나도 성장하는 사업이기 때문에 윈-윈의 매우 인간적인 사업입니다.

네트워크 비즈니스에서 큰 성공을 이루려면 인품을 갖춘 진정한 리더여야 합니다. 네트워크 마케팅 회사에서는 훌륭한 리더를 만들기 위하여 지속적인 교육을 시키고 있으며 본인 스스로도 훌륭한 인품과 진정한 리더가 되기 위하여 부단한 노력을 해야 합니다. 이러한 과정을 통해 사업 참여자를 훌륭한 리더로 만들어 줍니다. 결과적으로는 개인의 성공과 단체의 성공, 크게는 국가발전에도 기여하는 일석삼조의 사업입니다.

네트워크 마케팅 사업은 자본 없이도 할 수 있습니다. 투자된 자본이 없으므로 위험 부담도 없습니다. 사업에 필요한 도서 및 일부 자료등 약간의 자료구입비는 스스로의 자기계발을 위한 자기계발비입니다.

네트워크 마케팅 사업은 자기 스스로 성공의 크기를 조절할 수 있으며, 부업과 전업 모두 가능합니다. 자기가 원하는 만큼의 시간과 노력을 투자하면 되고, 철저한 자영사업이므로 부업으로 하던지, 전업으로 하던지 자기가 스스로 알아서 하는 것입니다. 누구의 간섭이나 지시도 받지 않고도 시간과 노력을 본인의 조건에 맞게 조절할 수 있으면서도 스폰서의 도움은 언제라도 받을 수 있습니다.

네트워크 마케팅 시스템은 제품의 품질은 우수하나 마케팅 능력이 없어 성장을 하지 못하는 중소기업의 제품을 네트워크 마케팅 회사에 올려 그 회사의 매출을 큰 폭으로 성장시켜 줌으로서 중소기업을 성공시킬 수 있는 시스템입니다. 현 경제 시스템은 부익부 빈익빈 현상이 심화되고 있습니다. 네트워크 마케팅에서는 경험, 지식, 자본이 필요 없으며 자신이 하고자 하는 의지와 그에 따른 노력만 있으면 자본이 없더라도 누구나 성공할 수 있습니다. 이 시스템은 경제적인 어려움에 처해 있는 사람에게 부자가 될 수 있는 기회를 제공해 줍니다.

제 3장

성공으로 이끄는 네트워크 마케팅 시스템 8단계

1. 자신의 꿈과 목표를 설정하라.
2. 매일 새롭게 결심하라.
3. 명단 및 인맥지도를 작성하라.
4. 사람을 직접 만나고 초청하라.
5. 사업 설명을 효율적으로 하라.
6. 후속조치(Follow Up)를 실행하라.
7. 끊임없이 상위자와 상담하라.
8. 다른 사람에게서 성공을 복제하라.

성공으로 이끄는 네트워크 마케팅 시스템 8단계

1. 자신의 꿈과 목표를 설정하라.

　꿈과 목표는 다양한 의미로 쓰이고 있지만 쉽게 말해 꿈에 기한을 부여하면 목표가 됩니다. 우선 목표를 설정해야 합니다. 목표설정이란 불완전한 세상에서 불완전한 사람들에 의해 장래를 지향하는 활동입니다. 여러분이 무언가를 생생히 상상하고, 간절히 바라며, 진정으로 믿고 열심히 그에 따라 행동한다면 결국은 그것을 이룰 수 있습니다. 이것이 목표를 설정하는 이유입니다.

지난 인생의 발자취를 살펴보면 누구나 방황한 경험이 있을 것입니다. 심지어 일생을 계속 방황만 하다가 끝나는 사람도 있습니다. 많은 능력, 좋은 기회를 가졌지만 집중하지 못하고 계속 시행착오만 되풀이 하다가 헛된 인생으로 끝나는 것입니다. 올바른 인생을 영위하려면 명확한 방향이 있어야 합니다. 방향감각과 목표를 분명히 해야만 성취가 있는 것입니다. 새로운 목표를 정하고 목표를 향해 나아갈 때 모든 일이 변하기 시작하며, 새롭고 신나는 세계가 펼쳐집니다.

새로운 목표는 삶에 생기를 불어넣으며 뚜렷한 목표가 주어질 때 몸과 마음은 실제로 젊어집니다. 사람은 단순히 나이 때문에 늙는 것이 아닙니다. 꿈과 목표를 상실하였기 때문에 늙는 것입니다. 잘 설정된 목표는 다른 사람을 끌어당기는 힘이 있습니다.

네트워크 마케팅에서도 우선 시작해야 할 것은 꿈과 목표의 설정입니다. 시간과 노력을 정확한 목표에다 투자할 때 값진 결과가 나오는 것입니다. 방향이 틀린 실행은 아무리 열심히 해도 헛수고가 되고 잘못된 방향으로 가는 것을 알았다면 즉시 방향을 바로 잡아야 합니다.

표적이 흐리면 맞추기 어렵듯이 화살을 쏠 표적이 분명해야 마음이 정돈되는 것입니다. 이것이 네트워크 마케팅 사업에서도 성공과 실패를 결정하는 중요한 요소가 됩니다. 생각과 행동에 통일성이 있어야 방향이 뚜렷해지는 것입니다. 이 사업은 우리에게 미래의 비전을 바라 볼 수 있는 기회를 제공합니다. 꾸준히 노력하면 자신의 꿈은 현실이 됩니다.

중요한 것은 바로 여러분 자신입니다. 여러분이 진정으로 원하고 반드시 달성하고자 하는 목표와 이를 실천할 용기와 결단력이 있어야 합니다. 어떠한 희생과 대가를 치르더라도 반드시 목표에 도달하고야 말겠다는 결연한 각오가 있어야 합니다.

목표설정을 도와주는 시스템 가이드

꿈과 목표를 설정하기 위해서는 우선 나를 돌아보아야 한다. 목표설정은 미래지향적인 작업이다. 보다 나은 미래를 설계하고자 하는 사람은 현재 자신의 위치를 분명하게 알아두어야 한다. 현재의 위치를 모르고 미래를 또는 나머지 인생을 설계한다면 또 다른 시행착오를 낳게 된다.

평균수명이 점차 연장되고 있기에 남은 수명은 생각보다 길 수 있다. 나의 인생은 얼마나 남았는가? 10년, 30년, 40년, 50년, 60년 아니면 그 이상인가?

현재 나의 자산은 얼마인가? 집은 있는가? 자동차는? 현재 직장에서의 위치는 안정되어 있는가? 한 달 평균 수입이나 지출은 얼마인가? 자녀는 어떤가? 건강상태는? 취미생활을 하고 있는가? 사회활동을 하고 있는가? 친구는 얼마나 있는가? 노후 보장은 되어 있는가? 현재 빚은 얼마나 되나? 미래의 재정적, 시간적 자유를 위해 투자하고 있는가?

평소에 꿈꿔온 것을 두 가지만 적어봅시다.

1. _____

2. _____

꼭 해보고 싶은 일은 무엇인지?

1. _____

2. _____

만일 인생을 새로 시작한다면 무엇을 하겠습니까?

1. _____

2. _____

남은 인생동안 꼭 하고 싶은 일은 무엇인가?

1. _____

2. _____

꼭 가져보고 싶은 것이 있는가?

1. _____

2. _____

소중한 사람과 무엇을 함께 하고 싶은가?

1. _____

2. _____

여러분이 기대하는 매달 추가 수입은 얼마인가?

1. _____

2. _____

2. 매일 새롭게 결심하라.

하루 단위로 살도록 노력해 보아야 합니다. 그러면 더욱더 현실적으로 새로운 경험을 얻게 됩니다. 사람은 너무 멀리 보면 다른 길로 가려는 충동을 받기도 합니다. 그러나 하루하루 일을 잘 완성한다면 내일을 위한 신선한 능력을 얻을 수 있습니다.

아침에 일어나서 감사와 감격을 느끼는 사람은 이상하게도 많지가 않습니다. 이보다는 아침에 일어나 우물쭈물하거나 꾸물대는 사람들이 많습니다. 우유부단하거나, 우물쭈물하는 태도는 낭비가 많은 삶입니다. 목표를 가지고 인생을 여행하는 사람은 몸과 마음이 활짝 깨어 있어야 합니다.

눈은 밝게 떠야 하고, 정신적, 육체적으로 모든 감각이 예민해야 하며, 명랑하고, 평화스럽고, 소망에 넘치는 웅대하고 참신한 마음을 가져야 합니다. 어제는 혼돈스럽고 공허했는지는 모르지만, 새로운 아침에는 새로운 해가 뜨며, 매일 새아침을 향하여 새로운 출발을 합시다. 과거는 묻지 말고요!

일생을 통하여 끊임없이 신선한 여행을 하려면 마음속에 위대한 꿈을 품고 있어야 합니다. 높은 이상을 갖고 계속 전진하면, 위대한 여행은 훌륭한 보상을 주지만 저속한 여행은 저속한 결과를 가져다주고, 방향 없는 여행은 공허함만 가져다줍니다.

새로운 것을 추구하지 않고 제자리걸음만 되풀이하는 사람은 자기 스스로 자기의 중요한 인생을 소멸시키고 있는 것입니다. 해는 어제도 떠오르고, 또 내일도 떠오릅니다. 그러나 신선한 아침을 향하여 전진하는 사람에게는 새날의 진정한 의미를 갖게 하여줍니다. 어제와 다른 오늘을 만들며, 오늘은 어제의 복사판이 아니어야 하며, 오늘은 내 인생의 새로운 한 페이지를 쓰는 것입니다.

네트워크 마케팅 사업에서 성공하려면 매일을 새롭게 사는 습관을 길러야 합니다. 사람은 누구나 습관에 따라 살게 되기 때문에 네트워크 마케팅 사업을 진행해 갈 때 가장 어려운 부분은 자신이 성공할 수 있다고 믿고 매일을 새롭게 출발하는 것입니다. 자신이 할 수 있다고 믿지 않는 사람이 도달할 수 있는 목표는 없습니다.

↓ **여러분이 원하는 것은 무엇입니까?**

사랑, 돈, 행복, 성공, 친구, 가정, 자동차, 안정, 용기, 보다 나은 삶 등 개개인의 원하는 것은 다르겠지만 원하는 것을 얻기 위하여 어떻게 해야 합니까? 스스로 할 수 있다고 믿고 적극적이고 긍정적인 자세로 결의를 다지고 열정을 불태우는 것입니다. 카네기도 "인생에 있어서 손에 넣을 만한 가치가 있는 것은 그것을 얻기 위해 노력할 가치도 있는 것이다."라고 했고 또한 올바른 네트워크 마케팅 회사에는 독립사업자가 '할 수 있다'는 마음을 다지기 위한 책과 강연 영상, 모임 등이 마련되어 있습니다. 새로운 정보를 이해하거나 긍정적인 사고를 하거나 스스로 확신에 찬 다짐을 할 때 의욕은 습관이 되는 것입니다.

네트워크 마케팅 사업을 통해 더 나은 미래를 이룰 수 있으며, 다른 사람들에게도 더 나은 미래를 꿈꾸게 할 수 있습니다. 믿음은 지능의 문제가 아니라 의지의 문제입니다. 그것은 두려움, 의심, 지식의 부족, 거절, 절망의 숲을 헤치고 찬란한 꿈을 이룰 수 있다는 믿음입니다. 목표를 생각하고 성공의 패턴과 원칙을 따르며 리더의 말에 귀를 기울이고 그들의 지도를 행하면 여러분도 훌륭한 리더가 될 것입니다.

상상력을 활용하는 것이 의지력을 사용하는 것보다 훨씬 효과가 있습니다. 네트워크 마케팅 사업에 대한 영감과 감동을 주는 책을 읽거나, 성공자의 설교와 강연을 수시로 듣고 책과 동영상 강의, 세미나, 미팅의 중요성이 바로 여기에 있습니다. 그들은 어떻게 어려움을 관철시켰는지 잘 살피면서 그들이 경험한 것을 모방해 보아야 할 것입니다.

↓ 결의와 결단을 다지는 시스템 가이드

꿈은 변할 수 있지만 매일 결심하면 꿈이 습관이 됩니다. 누구나 그렇듯이 인생에서 무엇인가 가치 있는 것을 얻으려면 진정한 결단이 필요합니다. 결의와 결단이 확고하다면 꾸준히 행동하고 습관을 기르면 성공은 가까운 곳에 있습니다. 결단한 내용을 일관성을 가지고 올바르게 습관으로 형성해 나간다면 반드시 성공할 수 있습니다. 그러기 위해서는 매일 결심하십시오.

행동을 습관화하는 원칙은 고게더(Go-Getter) 즉 적극적인 사람이며, 이것이 바로 성공의 원칙입니다.

↓ 고게더(Go-Getter)

1. 매일 15~30분씩 책을 읽어야 한다.
2. 매일 하나의 동영상 강의를 들어야 한다.
3. 미팅은 100% 참석하라.
4. 자사상품을 애용하라.
5. 사업설명을 한 달에 15회 정도한다.

위 다섯 가지를 습관화 한다면 자기계발로서 긍정적인 사고와 자아발견, 올바른 정신사고가 생기고 진정한 성공마인드와 성공노하우가 생겨서 성공할 수밖에 없는 환경이 만들어집니다. 그러므로 여러분이 시간을 투자하고 행동할 것을 결심하십시오.

또한 이 사업에서 진정으로 성공하고 싶다면 다음의 서약서를 적고 실천해야 합니다.

● 서약서 ① ●

오늘날짜	20 년 월 일
성공목표 (비즈니스 가치성)	
성공을 위한 행동 (마음의 자세)	
방해물 / 극복전략	

	단계별 실행계획	그림/상징
1단계		
2단계		
3단계		
측정방법 및 기록		

(본 양식은 샘플입니다. 각자의 스타일에 맞도록 수첩, 가이드북 등을 사용하세요.)

3. 명단 및 인맥지도를 작성하라.

우리들은 누구나 인맥을 만들고 싶어 하지만 인맥을 만드는 목적이 분명하지가 않는 경우가 많습니다. 인맥을 만드는 목적에 따라 인맥의 양과 질은 달라질 수 있습니다.

인맥을 만들기 위해서는 인간관계를 그림으로 표시한 인맥지도를 먼저 그리는 것이 좋습니다. 현재의 인맥지도를 가족, 친척, 직장, 취미, 종교, 사회, 지역별로 나누어 그려봅니다. 네트워크 마케팅 사업에 있어서 인맥은 자본과도 같습니다. 한사람 한 사람을 적을 때마다 내 사업체의 자본금이 늘어난다고 생각하고, 개개인에 대한 주관적인 판단보다 그냥 아는 사람의 명단을 적도록 합니다.

앞으로 나의 성공과 함께 할 수 있는 사람들로 새롭게 인맥지도를 그려야 합니다. 현재 인맥지도와 미래 인맥지도를 그리면서 부족한 것이 무엇인지 파악하고 인맥구축에 대한 계획을 구체적으로 세워야합니다.

네트워크 마케팅 사업에서 인맥구축보다 더욱 어려운 것이 인맥관리입니다. 새로운 인맥구축도 중요하지만 지속적인 인맥관리가 네트워크 마케팅 사업을 성공으로 이끌어줍니다. 인맥관리를 위해 인맥 다이어리를 만드는 것도 바람직합니다. 인맥 다이어리를 만들 때 가장 중요한 것은 인맥 다이어리를 관리하는 시간을 확보하는 것입니다.

다른 사람들이 먼저 여러분을 알아주리라는 기대는 버리는 것이 좋습니다. 여러분의 브랜드를 만들고 여러분을 홍보하며 받은 명함은 반드시 보관하고, 그 고객에 대한 특성도 적어 놓고 온라인 홍보방법으로 미니홈피나 블로그 등 1인 소셜 미디어를 활용하는 것도 좋습니다.

여러분의 사업을 강요하기보다는 여러분에게 도움을 받는 사람들이 고마워할 수 있는 다른 무엇인가를 찾아서 행해야 합니다. 같은 일을 10년 하면 여러분에게는 엄청난 응원군이 생깁니다. 이제부터 받는 사람이 아니라 주는 사람이 되어보십시오.

인맥을 만들다 보면 즐거움을 얻기도 하지만 상처를 받을 때도 있습니다. 인맥을 만드는 것은 최종목표가 아니라 과정입니다. 언제든지 과정은 변할 수 있습니다. 과정이 생각보다 어려울 수도 있습니다. 상처와 어려움을 피하지 말고 즐기기 위해서는 인간관계에 관련한 책들을 즐겨 읽으면서 책을 통해 자신을 반성하는 시간을 가져야 합니다.

때론 필자들 뿐 아니라 인생의 경험자와 비즈니스에서도 유경험자들은 모든 분야에서 견해가 다른 다양성에 대하여 인정하고 인간관계를 유지하는 기술을 배운다면 그리 상처 될 일이 아니라 도리어 좋은 인맥을 얻을 수 있는 유일한 길임을 알려주고 있습니다.

가끔은 편하게 만나는 친구와 아무생각 없이 수다를 떨며 스트레스도 푸는 것이 좋습니다. 친구가 있다는 것이 얼마나 소중한 것인지를 느낄 수가 있기 때문입니다.

사람은 리스트(명단)보다는 그림을 잘 기억합니다. 자신이 아는 사람의 명단을 지도형태로 만든 것이 인맥지도입니다. 사람의 관계는 거미줄처럼 얽혀 있으므로 작성하다보면 지도모양이 됩니다. 스폰서와 함께 명단을 바탕으로 인맥지도를 작성합니다.

충분한 시간을 가지고 여러분과 배우자가 알고 있는 모든 사람을 적고, 이들과의 관계를 함께 염두에 두고 세 부류 정도로 나누어 인맥지도를 작성합니다. 전화번호부를 활용하여 직업 또는 사업, 관계의 깊이를 기준으로 분류 명단을 만들면 지도를 그리기 쉽습니다. 사업을 같이 하고자 하는 사람을 먼저 기록하는데 단, 미리 판단하여 인맥지도에서 빼지 않도록 하여야 합니다. 인맥지도를 항상 지참하고 생각이 날 때마다 곧바로 적어 기록합니다. 새로운 사람을 만날 때마다 다시 인맥지도에 기록합니다.

↓ 인맥지도 작성을 위한 시스템 가이드

[인맥지도의 분류]

① **1차 인맥지도 5가지 분류**
- 친지나 친척(본가, 처가, 외가)
- 이웃(과거, 현재)
- 학교 동창(초, 중, 고, 대학 동창회 명부)
- 직장 동료, 업무상 지인(과거, 현재)
- 기타, 알고 지내는 사람들(교회, 취미활동, 동호회, 서클, 기타모임)

② **2차 명단**
- 항상 좋은 대인관계를 유지하고 계속해서 명단을 늘려 나갑니다.
- 매일 습관적으로 다른 사람을 친구로 사귀어 나갑니다.
- 명단 속의 사람들이 여러분과 이미 사업을 하고 있거나 하

고 싶어 한다고 생각해야 합니다.

· 항상 같은 곳에서 쇼핑을 합니다.(같은 시장에 자주 가는 것과 같이 지속적인 친분 관계를 유지해야 합니다.)

● [PROSPECT LIST] Check ●

이름	관계	연락처	상:3 / 중:2 / 하:1					합계
			긍정적	꿈과 목표	경제적	사회적	인격적	

나이	지역	SIP			반응	분류		
		교육장	홈미팅	직접		소비자	회원소비자	사업자

(본 양식은 샘플입니다. 각자의 스타일에 맞도록 수첩, 가이드북 등을 사용하세요.)

4. 사람을 직접 만나고 초청하라.

요즘은 많은 일이 인터넷을 통해 이루어지지만, 네트워크 마케팅 사업은 누군가를 만나지 않으면 아무것도 이룰 수가 없습니다. 가장 먼저 해야 할 일은 바로 예비 사업자에게 전화를 하거나 만나서 사업 소개를 할 날짜를 정하는 것입니다. 이때 어떠한 자세로 상대방과 대화하느냐에 따라 네트워크 마케팅 사업의 성장과 발전이 결정됩니다.

상대방의 현재와 미래에 대한 상황과 그 사람의 사고방식을 미리 파악하고 전화를 하거나 만난다면 사업을 소개함에 있어서 매우 효과적입니다. 필요하다면 전화내용을 미리 작성하여 연습해 보는 것도 좋은 방법입니다.

무엇보다 스스로가 전문가라는 자세를 가지고 당당한 자세로 사업에 임하는 것이 중요하며, 그들이 거절한다고 해서 또는 약속장소에 나타나지 않았다고 해서 결코 좌절할 필요는 없습니다. 그것은 성공으로 가는 과정일 뿐이며 그 과정은 거쳐야만 하는 통과의례일 뿐입니다. 대부분의 사람들은 새로운 것에 대한 막연한 두려움과 거부감을 나타냅니다. 이것은 보편적인 현상이며, 나에 대한 거부가 아니라는 점에 주목할 필요가 있습니다. 즉 새로운 것을 이야기하면 쉽게 받아들이려 하지 않는 습성이 있다는 것을 인정하고, 상심하거나 의기소침해 하지 말고 지혜롭게 극복하는 자세가 필요합니다.

인내는 중요합니다. 실패해도 다시 한 번, 미워도 다시 한 번, 피곤해도 다시 한 번 하는 것이 얼마나 중요한가는 많은 사람들의 경험이 이를 증명하고 있습니다. 꾸준히 전진하는 사람이 성공합니다. 산다는 것이 무의미하게 느껴질 때도 있지만 목적의식을 가지고 꾸준하게 달려가는 자에게는 기적의 열매가 맺히는 것입니다.

↓ 직접 만남을 위한 시스템 가이드

사람을 만나기에 앞서 반드시 스폰서와 상담하여 가장 효과적인 표현법 등을 연습해야 합니다. 스폰서의 진행, 스피치 기법, 몸동작, 이미지 표현 등을 연습하는 시간이 많을수록 초청 성공률은 높아집니다. 스폰서의 초청 인사말이 담긴 영상을 이용하여 만남과 초청에 관한 정보를 준비합니다.

자신이 작성한 인맥지도(명단) 가운데 긍정적인 사고를 가지고 있으며 활동적으로 보이는 사람을 먼저 초청하고 또한 미래에 대한 도전의식이 있거나 매사에 성실하고 남으로부터 존경

받는 사람들을 먼저 초청합니다. 여러분이 생각하는 명단 외에 사람이라도 모임에 초청할 수 있습니다.

상대방에게 부탁하거나 부담을 주지 말고 유익한 정보를 제공하는 차원에서 초대하는 것이어야 하고 대화가 짧을수록 초청 성공률은 높습니다. 어떠한 질문에도 대답할 수 있도록 준비한 다음, 전화를 하거나 만나도록 합니다. 전화를 할 때는 여러분이 바쁘다는 것을 인식시켜야 하며, 만남과 초청은 비즈니스상의 약속과 같은 것입니다. 한 번의 초청과 만남으로 사업의 기회를 갖기는 흔치 않으므로 지속적인 관리가 필요합니다.

관리에 있어서 지속적으로 'FORM'을 사용하십시오.

F. (Family) ─ 가족관계
O. (Occupation) ─ 직업관계
R. (Recreation) ─ 취미관계
M. (Money 혹은 Message) ─ 돈 혹은 전하고 싶은 말 등으로 관리한다면 더욱 효과적으로 관리할 수 있습니다.

↓ 만남과 초대를 위한 전화 초대법

전화로만 상대를 초대할 수 있다면 시간이 많이 절약됩니다. 우선 전화로 우호적인 분위기를 형성합니다. 상대가 낼 수 있는 시간을 확보하고 사업기회에 대해 설명합니다. 약속을 정하고 확인한 후 마무리 인사를 나눕니다.

전화로 초대하려면 멋진 목소리를 연습하는 것이 좋습니다. 목소리는 여러분을 보여 줄 수 있는 제 2의 표현 수단이 될 것입니다. 목소리가 분명히 들리도록 크게 말하고 정확하게 발음하는 것은 기본입니다.

↓ 비전 제시법

사람들에게 사업의 비전을 제시하기 위해서는 우선 새로운 사업에 대한 암시를 해야 합니다. 관심이 있어 보이는 사람을 직접 만나 사업 가능성을 확인시키고, 사업이 빠르게 성장하고 있음을 보여줍니다. 네트워크 마케팅 사업으로 추가수입을 올릴 수 있는 가능성을 제시합니다. 네트워크 마케팅 사업을 통해 보다 많은 사람과 다채로운 교류를 할 수 있는 장점을 제시합니다.

• [Meeting List] •

리스트(LIST)				
성명		성별	□ 남	□ 여
주소				
연락처	Mobile.		Tel.	
가입일자		성장도		
직장		직업		
각종기념일		Tel.		
가족관계		사업보조자료 전달		
날짜	20 년 월 일	상담내용		
특이사항				

(본 양식은 샘플입니다. 각자의 스타일에 맞도록 수첩, 가이드북 등을 사용하세요.)

• [접촉사항] •

만남 or 통화일	내용
년 월 일	
년 월 일	
년 월 일	
년 월 일	
년 월 일	
년 월 일	
년 월 일	
년 월 일	

반응

(본 양식은 샘플입니다. 각자의 스타일에 맞도록 수첩, 가이드북 등을 사용하세요.)

5. 사업 설명을 효율적으로 하라.

꿈과 소망을 이룰 수 있는 기회를 찾았다면, 그 일에 대한 정보를 수집하고 장·단기적으로 해야 할 일을 분석하여 계획을 세워야 합니다. 이 사업에서는 그 첫 번째가 시스템을 배우고 시스템 속에서 고게더(Go-Getter)를 하는 것입니다. 그리고 다른 사람에게 이 사업을 가르치고 복제해 나가야 합니다.

사업 준비가 끝났다면 가장 먼저 해야 할 일은 자신이 사업설명회를 하는 것이며, 기본적으로 배우는 자세를 유지하면서도 사업설명에 대한 자신만의 노하우를 가져야 합니다. 그리고 부족한 부분을 채우기 위한 방법으로 스폰서의 도움을 받고, 중요한 것은 스스로 사업설명을 해야 한다는 것입니다.

비전과 꿈을 가지고 모든 일을 시작하여야 합니다. 할 수 있다는 믿음과 꿈의 실현에 대한 분명한 상을 마음속에 항상 품고 있고, 꿈과 목표를 위해 한발 한발 앞으로 나아가는 것입니다. 이런 발걸음이 시작될 때 꿈과 목표가 유효하고 욕구가 실현되며 목표들은 가치를 지니게 됩니다.

모든 개인적인 문제는 목표에 집중할 때 극복이 됩니다. 관리할 수 있는 크기의 목표를 1개나, 2개로 한정시키고 여기에 노력을 집중하십시오.

↓ 사업설명을 위한 시스템 가이드

사업설명(STP-Show The Plan)을 하려면 먼저 상대방과 친밀감이 형성되어야 합니다.

시대 변화에 대한 이야기를 나누고, 현 사회의 제한적인 현실을 직시시킵니다. 그리고 나서 네트워크 마케팅 플랜을 설명하고, 수입구조와 미래의 비전을 제시합니다.

독립 사업자는 사업상의 장소에서는 복장 및 용모를 단정히 해야 합니다. 특히 복장은 정장, 머리에는 젤, 무스 등을 발라 단정하게 합니다. 모든 미팅 장소에는 어린이를 동반하지 않아야합니다. 가능한 미팅 10분 전에 앞자리에 착석하고, 미팅 내용을 기록합니다. 강의 전 휴대폰을 꺼 놓고 강의 진행에 방해가 되지 않도록 하고 강의장에는 커피나 음료수 등을 포함하여 어떠한 음식물도 가지고 들어가서는 안됩니다. 사업 파트너들을 대할 때는 항상 웃고 먼저 인사해야 하고, 교통편은 가능한 각자가 해결하도록 합니다.

새로운 파트너가 초대되면 업 라인 스폰서에게 소개합니다. 사업자 상호간에 금전 거래는 절대 하지 않도록 하고, 교육장 안에서 본인의 직업에 대한 권유, 특히 보험가입, 각종 회원 가입이나 신청 권유, 자동차 판매 권유 등을 금해야 합니다. 또한 사업적인 만남에서 정치적, 종교적 이야기는 가급적 피해야 합니다. 그리고 모든 공식 모임에서의 비용은 각자의 부담(더치페이)을 원칙으로 합니다.

The best preparation for good work tomorrow is to do good work today.
내일의 일을 훌륭하게 하기 위한 최선의 준비는 바로 오늘 일을 훌륭하게 완수하는 것입니다.

6. 후속조치(Follow Up)를 실행하라.

상대의 네트워크 마케팅 사업 의사가 확인되었다면 교육장에 초청하여 네트워크 마케팅 시스템을 숙지시켜야 합니다. 만일 상대가 사업을 바로 시작하는데 관심이 없다면 '단순회원'이 되도록 합니다. 만약 만남이 교육장 밖에서 이루어졌다면, 다음 만남은 교육장에서 이루어지도록 해야 합니다. 강의내용을 충분히 이해하지 못한 경우라도 팔로우업(후속조치)이 잘되면 무난히 넘어갈 수 있습니다.

↓ **후속조치를 위한 시스템 가이드**

후속조치는 모임이 끝난 후 다음 모임에 참석할 약속과 그 사람이 다른 사람을 초청할 수 있도록 돕는 것입니다. 여러분이 그 사람의 프로 스펙트와 만날 약속을 할 수 없는 경우에는, 24시간이나 48시간 이내에 그 사람의 관심이 최고조에 달했을 때 만나도록 도우십시오. 사람을 적절한 시기에 만나는 것은 여러분의 성공에 있어서 대단히 중요하기 때문입니다.

가능한 언제나 그들로 하여금 이 사업을 성공적으로 해 나가는 사람(스폰서)과 만나게 합니다. 그들의 꿈을 다시 적어보고 명단작성을 하도록 합니다. 첫 1:1 미팅이나 홈미팅을 갖기 위하여 그들과 만날 약속을 하고, 사업을 바로 시작하는데 관심이 없다면 '단순회원'이 되도록 하십시오.

스폰서들은 새로운 예비 사업자에게 어떻게 개발할 것인지에 대해 함께 의논하도록 하고 일단 다운라인이 된 이상 스스로 독립적인 위치에 오를 때까지 후속조치는 지속적으로 이어지게 하여야 합니다.

1. 적극적으로 후속조치를 합니다.
2. 후속조치를 위해 약속을 할 때에는 반드시 직접 만나서 결정합니다.
3. 신뢰감을 쌓습니다.
4. 도움을 주고받습니다.
5. 동기를 부여합니다.
6. 스스로가 프로가 됩니다.
7. 긍정적으로 부정을 상쇄시킵니다.

↓ 후속조치에서 나눠야 할 대화

"얼마나 빨리 꿈을 이루길 바랍니까?" 혹은 "여러분이 중요다고 생각하는 또 다른 것은 무엇입니까?"라고 질문하며 그 사람과 서로 충분히 대화를 나누고 난 후, "자 이제 여러분이 알고 있는 사람들을 모임에 초대해 봅시다."라고 말합니다.

"어떻게 결정했습니까?", "회원신청을 하시겠습니까?"와 같은 표현들은 사용하지 않도록 합니다. 항상 그들이 이 사업에 들어오기를 원하고 있다고 생각하도록 하면 됩니다.

여러분이 만나게 될 사람들은 가입회원(사업자)과 여러분이 성공해 나가는 모습을 지켜보면서 사업을 하게 될 사람인 단순 소비자, 그리고 다른 사람을 소개해 줄 사람 중 하나가 될 것입니다. 이들 모두가 소중한 사람임을 잊지 마십시오.

어떤 사람은 행복을 찾으려고 애써 노력하지만 그것을 찾지 못합니다. 그러나 또 다른 사람들은 매일 성실히 일하고 동료를 위해 유익한 일을 하면서 지속적으로 행복을 누립니다.

7. 끊임없이 상위자와 상담하라.

네트워크 비즈니스는 '상담 비즈니스'입니다. 인간관계를 원만하게 유지함으로써 성공할 수 있습니다. 자신의 성공보다는 진정으로 상대방의 성공을 바라는 마음자세가 중요합니다.

자신의 사업이 올바르게 성장하고 있는지를 상위 스폰서에게 끊임없이 상담하면서 업라인과 함께 자신의 사업방향을 꾸준히 분석하고 점검해야 합니다. 사업진행 방향과 계획이 잘못 되었다면 수정할 필요가 있습니다.

인간관계는 믿음이 기초가 되어야 합니다. 상위 스폰서에 대한 믿음과 자신의 상황을 솔직히 털어놓을 수 있는 마음가짐이 중요하며, 올바른 지도내용을 따르고자 하는 자세를 보여야 합니다. 자신의 관점에서 이미 결론을 내리고 상담에 임하면 상담은 실패합니다. 스폰서의 의견에 귀 기울이지 않고 자기 방식을 고집한다면 당사자나 스폰서 둘 다 시간을 낭비하는 것입니다.

네트워크 마케팅 사업은 내 사업인 동시에 스폰서의 사업이기도 하기 때문에 열린 마음으로 다가서야만 좋은 결과를 얻을 수 있습니다. 그리고 이 사업은 신뢰의 사업이고 약속의 사업이기 때문에 자신이 말한 것에 대한 책임을 지는 자세를 유지해야 합니다. 스폰서는 직접적이든 간접적이든 분명한 방향 제시를 해주고 전략을 수정해 주어야 합니다. 이를 통해 스폰서와 다운파트너 간에 신뢰가 생기게 되며 자연스럽게 복제되어 가는 것입니다.

↓ 상담 시스템 가이드

네트워크 마케팅 사업의 원활한 전개를 위하여 적어도 1주일에 한번 스폰서(업라인)와 개인적 어려움, 사업에서 잘 모르는 점에 대하여 상담하는 시간을 갖도록 합니다.

상담 시 준비물에 관한 자세한 내용에 대해서는 여러분의 스폰서와 상담하고, 이번 주에 등록된 사업자, 소비자, 회원, 인맥지도(리스트), 사업진행을 위한 조직도, 세미나 및 STP에 참가하는 사람들의 명단, 시스템에서 추천하는 영상 자료나 도서를 듣고 읽는지를 파악한 목록 등을 준비하여야 합니다.

여러분이 상담을 해주는 스폰서라면 마음가짐을 늘 새롭게 해야 합니다. 또한 친구의 마음으로 격려하는 자세를 유지합니다. 꿈을 가진 사람으로서의 긍지와 자부심을 갖고, 항상 새로운 정보를 주고자 노력하는 마음을 유지합니다. 밝고, 활달하고, 적극적인 마음으로 용기를 전합니다.

스폰서로서 구체적으로 점검하여야 할 사항은 매일매일 고게더(Go-Getter)를 잘하고 있는지, 장·단기 목표를 위해 구체적인 실행을 하고 있는지, 목표를 이룰 구체적 계획을 세워 놓았는지, 한 달 목표와 함께 계획을 수정 보안하고 있는지 등입니다.

네트워크 마케팅 사업에 영향을 주는 모든 일은 스폰서와 상담하는 것이 여러분이 원하는 바를 이루는 지름길입니다. 초기 사업자는 1주일에 한 번 정도 정기적으로 전화를 하거나, 사람을 직접 만나고 그 결과를 스폰서와 상의하여 만나거나 전화한 사람이 모임에 올 수 있도록 합니다.

↓ 사업파트너들의 발전과 장애물을 체크하는 성공시스템 공식

1. 모든 것을 습관화해야 합니다.
2. 천만장자가 되려면 천만장자의 사고방식을 지녀야 합니다.
3. 여러분 자신부터 지식과 정보를 쌓아야 합니다.
4. 사업은 단기적으로 1~2년을 보고 진행하며, 장기적으로는 3~5년을 보고 진행해야 합니다.

8. 다른 사람에게서 성공을 복제하라.

이 사업을 이루어 나가는 핵심 원리는 복제입니다. 그러므로 개인의 변화와 가능성을 염두에 두고 후속지원을 통해 전달하고 가르치는 계획을 세워 실천해야 합니다. 이제 사업설명 요령, 고게더(Go-Getter)의 이해와 실천, 시스템의 정신세계, 시스템의 활동원칙 등은 기본적으로 갖추어야 할 상식이 되어야 합니다. 이런 것들은 네트워크 마케팅 사업에서 꼭 필요한 것으로 개인의 능력을 키우기 위한 기초 수단입니다.

하지만 개인의 능력을 함양하는 것 못지않게 신경을 써야 할 부분은 복제에 대한 감각입니다. 이것은 여러분이 하고 싶은 일을 결정하고 공부하는 것과는 다른 차원입니다. 시스템에 대한 핵심을 파악하고 그 원리에 대해 정확한 정의를 내리는 것, 시스템에서 제시하는 자료를 통해 개인과 그룹의 성장을 도모하는 것, 자신의 현재 경제 상황에 대한 자료를 챙기고 도움을 주는 것, 사업진행에 따른 손익 계산을 할 줄 아는 등 이런 것들이 여러분의 일상에서 생활화된다면 사업은 서서히 성장할 것이며 동시에 끝까지 해나가는 힘이 될 것입니다. 물론 좀 더 구체적이고 체계적인 지식을 갖추는 것도 필요합니다.

마케팅, 리더십과 팀워크, 대인 관계, 봉사와 서비스 정신, 경영 능력 같은 전문적인 내용을 습득하는 것이 중요합니다. 이 분야의 책을 보면서 스스로 배우고 배운 것을 행하는 모범을 보일 때, 비로서 남을 가르칠 수 있는 것입니다. 그러면 사업의 성장과 함께 자신의 핀 레벨이 업그레이드되어 '나'라는 1인 기업의 최고 성공자로서 우뚝 선 자신을 확인할 수 있을 것입니다.

↓ 복제를 위한 시스템 가이드

자신의 파트너를 가르치려면 우선 배워야 합니다. 성공의 8단계를 실행함에 있어 시스템에 따라 교육하고, 진행하며 직접 후원하는 모든 파트너들이 성공의 8단계를 배우도록 해야 합니다. 성공의 8단계는 네트워크 마케팅 사업에서 검증된 성공 사업방식입니다. 사업자의 성공을 입증케 하는 성공의 8단계를 파트너와 함께 배우고 이를 실천하고 있는지를 확인해야 합니다.

또한 책, 강의 영상 시청, 각종 모임, 고게더(Go-Getter)를 꾸준히 반복해야 합니다. 모든 신규 사업자와 기존 파트너가 네트워크 마케팅 시스템을 따르고 있는지를 확인합니다.

네트워크 마케팅 사업에서 스폰서의 도움 없이 사업이 진행되고 성공자가 되기란 매우 어렵습니다. 성공한 후에도 끊임없이 업 라인 스폰서의 조언이 요구될 것입니다. 그러나 만약 여러분의 업 라인이 멀리 있어 여러분이 후원받기 어렵다면 여러분 스스로 성공의 8단계를 실천하여 스스로 리더가 되어야 합니다.

↓ 뛰어난 복제를 위하여 리더십을 갖추어야 합니다.

리더는 항상 눈과 귀를 열어놓고 훌륭하고 더 효과적인 리더로 거듭나기 위해 도움이 되는 아이디어들을 자기 것으로 만듭니다.

사실 네트워크 마케팅 그룹은 소수의 뛰어난 리더에 의해 만들어지기 때문에 자신이 마음속에 성공에 대한 이미지를 확실히 해야만 성공할 수 있습니다. 만약 리더가 되기를 주저하거나 비관적인 생각을 한다면 여러분은 부정적인 사람인 것입니다. 여러분이 리더가 되는 것을 방해한 모든 것을 멀리 하시기 바랍니다.

1. 리더는 항상 자기계발에 힘쓰고 성장합니다.

2. 목표가 명확합니다.

3. 다른 사람을 인정하고 다른 사람의 이익을 먼저 생각합니다.

4. 다른 사람에게 힘을 주는 동기부여를 잘해야 합니다.

5. 다른 사람의 말을 잘 경청합니다.

6. 자신의 실수를 인정할 줄 압니다.

훌륭한 리더는 태어나는 것이 아니라, 스스로 노력에 의해 만들어지는 것입니다.

> 습관만큼 중요한 것도 없습니다. 특히 비즈니스 세계에서는 습관의 힘이 절대적입니다. 사업가의 성공과 실패를 가름하는 가장 중요한 요인 중의 하나입니다.
>
> -J. 폴 게티-

제 4장

더 중요한 성공의 열쇠

1. 컨택(Contact)하라.

2. 성공에 초대하라.

3. 호일러의 ABC 법칙을 사용하라.

제 4장
더 중요한 성공의 열쇠

1. 컨택(Contact)하라.

로버트 A롬 박사는 〈긍정적인 성격분석 프로파일(Positive Personality Profile)〉이란 저서에서 "내가 여러분을 이해했다면 우리가 좀 더 나은 관계를 맺을 수 있었을 것"이라고 했습니다. 그러므로 남들을 이해하기 위해 '성격 통찰력'을 이해해야 합니다. 성격 통찰력은 비즈니스를 하는데 없어서는 안 될 중요한 기술입니다.

왜 어떤 사람은 "벌써 이 만큼이나 읽었어?" 라고 긍정적으로 말하고, 또 어떤 사람은 "아직도 여기까지밖에 못 읽었어?"라고 부정적으로 말하는 것일까요?

사람의 기본적인 성격유형의 주요 차이점을 이해하고, 사람들의 반응에 대한 실제적인 통찰력을 기른다면 여러분은 좀 더 나은 인간관계를 맺을 수 있습니다. 특히 상하방향으로 신뢰감을 형성한다거나 목표를 설정하고 일을 계획하는데 있어 매우 중요한 역할을 합니다. 각자의 성격 통찰력에 따라 앞으로 꿈을 실현하는 과정에서 부딪칠 수많은 장애물에 대처하는 방식도 달라집니다.

↓ 컨택을 통해 약속을 잡기 위해서는 먼저 전화를 해야 합니다.

여러분이 전화를 거는 것은 상대방에게 사업에 대한 프레젠테이션을 하기 위해서가 아니라, 그 사람이 사업자로서의 자격이 있는지 여부를 판단한 후 미팅 스케줄을 잡기 위해서입니다. 전화를 걸때에는 짧게 그리고 전문가다운 태도로 임해야 하며, 일단 전화를 걸었으면 반드시 결과를 얻도록 합니다.

↓ 만남을 갖기 위한 표현법

많은 것을 말하지 않고도 상대방의 흥미를 유발할 수 있는 표현들은 어떤 것들이 있을까요?

→ 1. "내가 사업을 시작했는데"
2. "요즘 사업하는 재미에 푹 빠져 있어서"
3. "내가 지금까지 알고 있는 어떤 사업보다도 훌륭해"
4. "나 요즘 돈 되는 부업을 하고 있어"
5. "노력한 만큼의 수입을 올릴 수 있는 사업을 하고 있어"

↓ 전화 컨택의 절차

→ 우선 자기 자신이 누구인가를 분명히 밝히고, 시간이 많지 않다는 것도 언급합니다.

"지금은 정말 바빠서 만나 뵙고 말씀드릴 수는 없습니다만, 전화를 드린 건······."

→ 칭찬을 합니다.(상황에 따라 필요하다면)

"저번에 _____에서 만나 뵈었을 때는 정말 놀랐습니다."(상대방의 태도, 생각, 그 사람이 한 이야기, 상황판단 능력 등에 대해 좋은 인상을 받았다는 말을 해 줍니다.)

→ 전화를 건 이유를 말합니다.

"전에 혹시 말씀 드렸는지 모르겠는데, 제가 비즈니스를 하고 있는데요."(혹은 "제가 꽤 성공한 마케팅 회사에서 일을 하고 있는데요.") "지금 이 사업이 꽤 잘되고 있거든요."

→ 사업자로서의 자격을 확인합니다.

"한 가지 여쭈어볼게요. 경제적으로 그렇게 무리가 없고, 시간적으로도 허락이 된다면 부수입을 올릴 수 있는 일 한번 해보시겠어요?"(여기서 잠시 상대방의 대답을 기다릴 수도 있음) "잘될 거라고 장담은 못 드리겠지만요, 괜찮으시다면 한 이삼십 분 동안 만나 뵙고 사업성에 대해 설명을 드릴테니 한번 보시죠."

→ 상대방이 주저하거나 좀 더 자세히 알고 싶다고 말할 경우

"_____씨, 묻고 싶은 게 정말 많으시겠지만, 지금 제가 전화 드린 건 좀 더 정확한 정보를 드릴 수 있도록 저와 한번 만나 보실 의향이 있으신지 여쭤보려는 것뿐입니다." 그리고 다시 약속을 잡습니다.

→ 상대방이 계속 질문을 하거나 머뭇거리는 경우

"아직 어떻게 하셔야 할지 잘 모르시는 것 같은데요. 그럼 이렇게 하시죠. 다음에 제가 다시 연락드리도록 하겠습니다." (또는 "그럼 이렇게 하시죠. 뭐, 참고가 될 만한 자료(사업소개 영상, 책자 또는 브로슈어)를 보내 드릴 테니까 한번 천천히 보시고 나중에 제가 다시 전화 드릴게요. 그때 시간을 정해서 뵙고 자세한 이야기 나누도록 하죠."

➜ '제가 좀 바빠서요.'라는 반응이 나오는 경우

"바쁘신 걸 알기 때문에 전화를 드린 겁니다. 이건 시간을 절약해 가면서 개개인의 여건에 맞게 만들어 나갈 수 있어요. 그래서 바쁘신 분들한테는 더 없이 안성맞춤이죠. 한 15분이나 20분 정도 시간 여유가 되면 한번 뵙고 구체적으로 통계들과 수치들을 보여드리면서 자세히 설명 드릴 수 있겠는데요."

➜ "여보세요, 잘 있었니? 나_____야. 그래 잘 지냈어? (간단한 안부) 저기 말야! 길게 이야기는 못하겠고, 우선 용건만 간단히 말할게."

"자네 와이프랑 같이 ___요일이나 ___요일 밤에 시간 좀 있나? 한번 물어봐 주겠어? 좋아. 자네가 혹시 알고 있는지 모르겠지만, 내가 그 동안 아주 좋은 사업을 시작했는데 말이야. 계속 성장 추세에 있거든. 현재 우리나라를 포함해서 세계 곳곳에서 획기적인 마케팅 사업을 하고 있는 대기업과 연계해서 하는 사업이거든.”

“야망 있고 의욕적인 사람 몇 명을 찾고 있는데, 문득 자네 생각이 나서 전화했네, 만나서 이야기 좀 하고 싶은데 어떤가?”

부지런하십시오! 그리고 힘차게 인생을 살아나가십시오! 약자가 외는 것은 무엇보다도 비참한 일입니다.

—밀턴—

2. 성공에 초대하라.

① 초대 방법

작성해둔 인맥지도 고객 중 20명 정도를 다시 작성해서 그 사람을 우선순위로 전화를 합니다. 이때 전화는 상황을 파악하기 위한 안부전화입니다. 안부전화는 그냥 하거나, 비교 설명을 하거나, 우연을 가장하여 호기심을 불러일으키는 등이 필요합니다. 미리 부담을 갖지 말고, 또한 부담을 주지도 마십시오. 점차 친해지면서 가망고객에 대한 상황파악을 하게 됩니다.

나중에 전화할 이유를 만들고 그러면서 약속을 정한 다음 나와의 약속이 중요하다는 걸 인지시켜야 합니다. 일단 상황파악에서는 가족사항, 경제력, 현 직업, 집안문제, 시간 낼 수 있는 부분을 정확히 알아두는 것이 중요합니다.

이렇게 선정된 사람은 관리 리스트를 만들어 현재 진행 상황을 계속 체크합니다. 위의 관리 리스트는 추후 대상자를 사업설명회에 초청한 후 도움을 줄 때 활용하거나 다운라인 관리에 활용합니다.

② 대상자 우선순위

각 파트별 리더를 우선순위로 지정(소규모 모임의 리더는 보통 적극적이고 긍정적이고 중재를 잘하는 성격의 소유자이므로 본 사업에 적합)합니다.

가장 우선순위는 나를 가장 믿고 나를 따를 수 있는 사람이며, 현 직업에 만족하는 사람은 나중 순위로 매겨 둡니다.

③ C(고객)대상자의 사업장 초대 요령

선정된 사람의 신상파악이 되었을 때 전화로 약속을 잡고 사업 설명회를 듣게 합니다. 허무맹랑한 거짓말로 C(고객)를 사업장에 초대해서는 안 됩니다. 초대 약속은 하루 한명씩 하고 취소되면 다음 날로 정하지 말고 며칠 뒤로 정합니다. (B사업자 자신이 한가하고 할 일이 없다는 인상을 주지 마시오.)

④ 초대가 되었을 때 B(초대자)의 행동

사업장에 초대하여 도착 전까지 비즈니스에 관한 이야기는 절대 하지 말아야 하며, 강의실에서 B(초대자)의 자세, 사업설명을 듣기 전에 오프닝 멘트를 가볍게 합니다.

가장 앞자리 왼쪽(잘 보고 들을 수 있기 때문)에 앉히고 잘

들어보라고 이야기 합니다. 고객의 표정을 관찰합니다(관심도 체크). 기분 나쁜 부분에 대한 부과설명을 위해 호응합니다(긍정적인 상황으로 만들기 위해). 고객에게 관심을 가지게 하고 설명자에게 부담을 주는 행동, 잡담금지, 출입금지, 휴대전화 끄기 등과 강의가 끝나면 긍정적인 대답을 유도합니다.
"들어보니 좋지? 밖에서의 말과 다르지?", "해볼 만한 사업이지?" 등등 궁금한 사항을 체크하고, 테이블 미팅을 위해 준비합니다.

⑤ 테이블 멘트

테이블에 앉아서는 가벼운 대화를 하십시오(절대 밖으로 나가지 말아야 합니다). 그리고 A(설명자)가 왔을 때 설명을 좀 더 잘 듣게 하기 위해 예의를 갖추어야 합니다. 또한 A(설명자)의 말에 집중할 수 있도록 도와주어야 합니다(호응하십시오).

⑥ 멘트 후 고객과 대화할 때

B(초대자)는 A(설명자)의 설명을 보충하려 들지 말아야 합니다.
다음 ABC법칙을 알아보도록 하겠습니다.

3. 호일러의 ABC 법칙을 사용하라.

커뮤니케이션의 유지는 네트워크 마케팅 사업상 조직의 운용에 그 기초를 이룹니다. 밀접한 인간관계를 통한 상부상조는 구성원 각자에게 큰 힘과 위안을 주며 그 조직을 보다 강하게 성장시키는 원동력입니다. 네트워크 마케팅 사업에서 가장 중요한 원리는 호일러(Hoiler)의 ABC법칙입니다. ABC법칙에서 A는 설명자(adviser), B는 초대자인 자기 자신(bridge) C는 새로운 고객(client)을 의미합니다.

우리는 자신이 아는 것을 다른 사람에게 충분히 설명할 수 있다고 생각합니다. 그러나 고객(예비 사업자)에게 특히 가까운 사이라면 더욱더 사업을 제대로 설명하기 힘들고 상대방이 들어 주지도 않을 뿐 아니라 자칫 논쟁으로 비화될 소지도 있습니다. 이때 '호일러의 ABC 법칙'을 활용하면 80%는 성공할 수 있습니다. 즉, 사업자(B)는 고객(예비 사업자)(C)을 설명자(A)에게 소개하거나 참석시키면 되는 것입니다. 이로써 설명자(A)의 사업자(B)에 대한 스폰서 기능으로 정확한 설명과 지원을 통하여 고객(C)의 사업 참여를 설득하게 됩니다. 왜 이와 같이 해야만 할까요?

↓ 경쟁의식 때문입니다.

사람들은 일반적인 능력 면에서 자신과 동등하거나 비슷하다고 생각하는 경우 상대방의 의견을 잘 받아들이지 않는 경향이 있습니다. 이는 무의식적으로 자신을 상대방보다 높게 평가하는 심리 때문인데 상대방의 의견을 받아들이면 그보다 자신이 못하다는 것을 인정하게 된다는 경쟁의식 때문입니다. 반면 B가 C에 비하여 월등하거나 신뢰감이 확실한 경우에는 무조건적으로 받아들이는 경향도 있습니다.

↓ 객관적으로 볼 수 있습니다.

A는 B보다 객관적이며 여유롭게 설명을 할 수 있습니다. 서로 잘 아는 사이일수록 선입견과 고정관념이 나타나는 경향이 있기 때문입니다. 그렇다고 해서 C가 A를 더 신뢰하는 것은 아닙니다.

↓ A-B-C 시스템의 이해

A를 학원 강사라 하고 B를 학부모라 하고 C를 학생이라 하면, 학부모가 왜 굳이 돈을 써가며 학생을 학원에 보내는 것일까요?

자기 자신이 가르치지 못해서일까요? 아닙니다. 독학도 시킬 수 있고 교재를 사다가 공부할 수도 있지만 학업에 대한 전문 지식이 있는 사람에게 맡기면 좀 더 효율적으로 가르칠 수 있고 이해가 쉽기 때문입니다. 세상 사람들은 결코 바보가 아닙니다. 여러분이 직접 이야기를 하는 것보다 이 분야에 있어서 조금이라도 여러분보다 많이 아는 사람이 쉽게 이해시킬 수 있기 때문입니다.

이 시스템은 처음으로 들어올 때 성공경험과 함께 넘어온 시스템입니다. 사람들에게 매월 몇 천만원씩 벌어간다고 하면 누가 그 사실을 믿겠습니까? 분명히 사기꾼이라고 단정 지을 수 있습니다. 세상 사람들은 특히 우리나라 사람들은 남을 잘 믿지 못합니다. 그래서 아무리 좋은 일이라도 부정을 할 수 있습니다. 서울에 가본 사람과 안 가본 사람이 싸우는데 누가 이긴답니까? 어설픈 지식과 얇은 상식으로 진실을 외면하는 사람들을 위해서 진실을 전달하고 누구에게나 정보라는 소중한 것을 전달하기 위해서 이 시스템을 적용하였습니다.

많은 사람들이 이 법칙을 알면서도 조직의 발전을 가져오지 못하는 이유는 바로 본인이 해야 할 10%의 역할을 못하고 있기 때문입니다. 모두가 아는 사실임에도 불구하고 특별한 장소에서 특별한 내용을 들으면 자신이 몰랐던 새로운 것을 알게 되고 그 필요성에 대해서 알게 되는 것입니다. 자신이 똑똑하다고 혼자서 해결을 하려고 하는 사람은 아무것도 할 수 없다는 사실을 명심하십시오.

그럼 이제 기본적인 A-B-C의 지식을 알아보기로 하겠습니다. A는 역할이 따로 있습니다. 강사진과 선배사업자 등이 A라고 칭합니다. A는 고객에 대하여 예절을 갖추고 친절하게 대하여 주며 이 사업에 대한 비전을 알게끔 행동을 해야 합니다. 한 예로 C와 B가 이야기를 나누고 있다고 가정을 할 때 자연스럽게 다가가서 사업성이나 시대의 흐름에 대하여 말을 하고 C가 사업을 할 수 있게끔 유도를 합니다.

꼭 강의를 하는 사람이나 상담을 하는 사람만이 A가 아니라는 것도 상기해야 합니다. 역시 스폰서의 역할도 똑같다고 해야 합니다. 스폰서는 곧 자신의 일이기 때문입니다.

B의 역할은 소개자 즉 사업을 진행하고 있는 모든 사람, 즉 나 자신입니다. 이 사업에서 가장 중요시되는 것은 B의 자세입니다. 먼저 예비사업자(고객)가 왔을 때 먼저 해야 할 것은 자

신감의 표현입니다. 눈빛에서부터 고객에게 자신감을 보여야 합니다. 사업장에 들어가게 되면 강의를 들어야 하는 이유를 간단히 설명합니다. 다른 사람들에게 예의를 갖추어야 한다는 주의를 줍니다. 소개자(B)가 어떻게 하느냐에 따라 고객을 주도할 수 있습니다. 고객이 낯선 분위기로 인해 망설이면 이때에 소개자(B)가 강하게 이끌면 고객은 소개자의 의도대로 따라옵니다. 크게 이런 B의 자세는 몇 가지로 나누어집니다.

↓ 예비 사업자를 만나기 전

예비 사업자와 미팅을 갖기 전에 먼저 예비 사업자에 대한 정보를 정확히 나의 스폰서나 다른 스폰서에게 전달해야 합니다. 나이, 직업, 성격, 재정 상태 등에 대해 A가 알고 있어야만 그 예비 사업자에게 더욱더 잘 맞는 상담을 할 수 있습니다. 만약 예비 사업자에 대한 정보가 부족하다면 미팅시 예비 사업자에게 실수를 범할 수도 있습니다.

↓ 강의실에 입실하기 전에 해야 할 일

사업장에 방문하기 전에 예비 사업자에게 강의를 들어야 한다는 것을 정확히 설명했다면 문제가 되지 않습니다. 만약 그렇지 않았다면 사업장에 올라와 테이블에 먼저 앉아서 예비 사업자에게 사업장에 대한 소개와 강의 청취의 필요성에 대해 본인이 직접 또는 다른 스폰서의 도움을 받아 정확히 설명해야 합니다.

그 이후에는 강의의 효율성을 높일 수 있도록 세심한 배려를 해야 합니다. 만약 예비 사업자가 강의 청취를 꺼릴 경우에는 스폰서들을 통해 권유하는 것이 좋고 보통 사람들은 자신이 아는 사람의 말을 안 들으려고 해도 자신이 모르는 사람의 말은 무조건 무시하지는 못합니다. 강의실로 입실하기 전에 휴대전화를 끄도록 유도하고 들어가게 되면 임의로 강의실에 출입할 수 없다는 것을 주의시켜 강의에 집중 할 수 있는 최적의 여건을 마련해 주어야 합니다.

↓ 강의실 내에서의 역할

강의실에 입실한 후에는 예비 사업자를 앞좌석 왼쪽에 앉게 하는 것이 좋고 앞자리에 앉게 된다면 강의 내용을 잘 파악할 수 있고 예비 사업자의 불필요한 행동을 방지할 수 있으며, 오른손을 쓰는 사람이 많으므로 강의자의 시선과 일치하여 강의에 집중을 도와주고 질문을 주고받을 수도 있습니다. 만약 불

필요한 행동 또는 강의를 경청하지 않을 경우에는 강의에 방해되지 않는 범위 내에서 조용히 주의를 주도록 합니다. 그리고 예비 사업자가 강의 내용 중에서 특히 관심을 가지는 부분을 잘 체크해 두었다가 강의가 끝난 후에 스폰서에게 그 부분에 대해서 말해 주어야 합니다.

↓ 강의가 끝난 후 고객 상담 시의 행동

강의가 끝나게 되면 예비 사업자를 리드하여 우선 테이블에 앉게 한 다음, 소개자가 예비 사업자에게 이야기를 하는 것입니다. 여기서 소개자가 해야 될 말은 설명이 아니라 강의를 들어본 후 느낌이나 생각을 알아보는 것입니다. 잠시 후 상담을 할 스폰서가 나타나면, 이때 스폰서에 대한 예의를 갖추는 것이 매우 중요합니다. 대부분의 사람들이 이 부분에서 많은 실수를 합니다. 스폰서가 들어오면 먼저 일어나서 스폰서에게 정중히 인사를 하고 예비 사업자를 소개시키는 것이 소개자가 할 일입니다. 이렇게 하면 예비 사업자는 스폰서가 상담할 때 스폰서의 말을 무시하지 못합니다.

상담이 시작되면 스폰서의 말에 신경 쓰면서 최대한의 예의를 갖추고, 만약 예비 사업자가 다리를 꼰다거나 앉은 자세가

불량하다면 조용히 예비 사업자에게 주의를 주어야 합니다. 상담이 끝나면 소개자가 주도하여 예비 사업자를 등록시키거나 더 알아볼 수 있도록 설득시킵니다. 여기서 중요한 점은 예비 사업자에게 자신감을 보여주어야 한다는 것입니다. 주저하는 예비 사업자에게 확신에 찬 한마디는 대단한 위력을 가집니다. 예비 사업자의 부담감을 우려하여 대충 넘어간다면 이미 기회를 놓쳐버린 것입니다. 예비 사업자는 이것이 기회인지 아닌지 정확하게 판단하기는 어렵지만 사람의 생각은 시시각각 변합니다. 그러므로 그 순간을 최대한 활용하여 고객을 등록시키는 것이 현명한 방법입니다. 이 모든 것이 끝난 후에는 최대한 많은 스폰서들을 활용해야 합니다. 예비 사업자에게 최대한 많은 사람들을 소개시키는 것입니다. 스폰서들은 누구나 이 사업이 좋은 이유 한 가지 정도는 설명해 줄 것입니다. 기억하십시오. 좋은 기회는 생각지도 않은 곳에 있다는 것을. 지나가는 말 한마디에 고객의 생각이 바뀔 수도 있습니다. 이점을 최대한 활용해야 합니다.

여러분에게 실패란 없으며, 오직 교훈이 있을 뿐입니다. 성장은 고난과 실수에서 찾아옵니다. 실험과 시도가 곧 성장을 가져다줍니다. 실패한 시도는 성공한 시도와 마찬가지로 똑같이 성장이라는 열매를 가져다줍니다.

중요한 것은 얻는 것이 아니라 주는 것입니다. 만약 여러분이 기쁨과 애정이 넘치는 환경에서 다른 사람이 전보다 더 성장하고 발전하도록 도와준다면 여러분은 매우 귀중한 것을 얻게 될 것입니다.

-로버트 콘크린-

제 5장

좋은 관계가 사업의 성공을 낳는다.

1. 누구에게나 장점이 있다.
2. 신뢰가 우선이다.
3. 사업자가 가져야 할 내적자세
4. 칭찬이 좋은 관계를 만든다.
5. 네트워크 마케팅 사업의 세미나와 랠리
6. 반드시 성공의 8단계를 활용하라.
7. 어떤 도구(Tool)를 쓸까?

제 5장

좋은 관계가 사업의 성공을 낳는다.

1. 누구에게나 장점이 있다.

① 장점을 칭찬하고 단점은 보지 마십시오.

자주 남을 비난하는 것은 매우 위험한 불꽃놀이입니다. 그 불꽃놀이는 상대의 자존심이라는 화약고의 폭발을 유발합니다. 이 폭발은 종종 사람의 목숨을 빼앗기도 합니다.

역사적인 예를 찾아봅시다. EH한영문학의 귀재 토머스 하디는 영원히 소설을 쓰지 않게 된 이유가 매정한 비평 때문이었으며, 영국의 천재 시인 토머스 차톤을 자살로 몰아넣는 것도 역시 비평입니다. 또한 젊었을 때 대인관계가 나쁘기로 유명했던 벤자민 프랭클린은 훗날 외교 기술을 터득하고 사람 다루는 방법이 능숙해져, 마침내 주불 대사로 임명되었으며 그의 성공의 비결 또한 "남의 단점을 들춰내지 않고 장점만 칭찬합니다." 라고 힘주어 말했습니다.

남을 비평하거나 잔소리를 늘어놓는 것은 어떤 바보라도 할 수 있습니다. 그리고 어리석은 바보일수록 그런 불꽃놀이를 하고 싶어 합니다. 이해와 관용은 뛰어난 성품과 극기심을 갖춘 사람이 가질 수 있는 미덕입니다.

영국의 사상가 칼라일은 말합니다. "위인은 하인을 다루는 방법에서도 그 위대함을 나타낸다고"하였습니다. 남을 비난하는 대신 상대를 이해하도록 노력해야 합니다. 어떤 이유로 해서 상대가 그런 짓을 저지르게 되었는지 잘 생각해보는 습관을 들여야 합니다. 그렇게 하는 것이 훨씬 유익하고 흥미도 있습니다. 그렇게 하면 동정, 관용, 호의가 저절로 우러나옵니다. 영국의 위대한 문학가 존슨은 이렇게 말했습니다. "하나님도 사람을 심판하려면 그 사람의 사후까지 기다린다고 합니다."

루즈벨트는 대통령직에 있을 때 어떤 난관에 부딪히면, 언제나 거실 벽에 걸려있는 링컨의 초상화를 쳐다보며 링컨 같으면 이 문제를 어떻게 처리했을까? 라고 곰곰이 생각해 보았다고 합니다. 우리들도 남을 공격하고 싶어질 때는 루즈벨트 대통령처럼 자신의 존경하는 분을 생각하면서 그 분이라면 이런 경우 어떻게 했을까? 라고 한번쯤 생각해 보도록 해야 합니다.

남의 결점을 고쳐주려는 노력은 분명히 훌륭하고 칭찬 받을 가치가 있습니다. 그러나 먼저 자신의 결점을 고친 후의 이야기입니다. 섣불리 타인을 지적하기보다는 자신을 바로잡는 것이 우선이고 또 위험도 적습니다. 영국의 시인 브라우닝은 이렇게 말했습니다. "자신과 싸움을 시작한 사람은 자기 자신이 가치 있는 인간임을 증명하는 것이다."라고 하였습니다. 자기 자신과 싸워 완전한 인간으로 만들려면 적어도 1년은 걸립니다. 그러나 그것이 성공한다면 새로운 신념을 맞이할 수가 있습니다.

내년부터는 자기 생각대로 남의 흠을 찾아내도 좋지만, 그에 앞서 자신부터 완전한 인간이 되어 있어야 할 것입니다. 동양의 현인 공자는 '자기 집 문간이 더러운 처지에 옆집 지붕 위의 눈에 대해 시비하지 말라'고 가르쳤으며, 예수는 '자기 눈의 대들보는 못 보면서, 남의 눈의 티끌은 정확히 찾아내는 사람들'을 걱정했습니다.

신이 인간을 처음 창조했을 때 신은 인간에게 두개의 주머니를 만들어 주었다고 합니다. 그 중 앞에 매단 주머니에는 다른 사람들의 단점을 넣었고, 뒤에 매단 나머지 한 주머니에는 우리 자신의 장점을 넣어서 매달아 주었다고 합니다. 그 결과 인간들은 다른 사람의 단점은 금방 발견하면서도 자기 자신의 단점은 보지 못하게 된 것이라고 전하고 있습니다.

사람들에게는 누구나 장단점이 있게 마련입니다. 호의를 가지고 친구가 되려거든 그 사람의 장점만을 보고, 악의를 품고 적을 만들려면 그 사람의 단점만을 지적하십시오.

② **상대에게 자신감, 중요감을 갖게 하십시오.**

사람을 움직이는 비결은 이 세상에 오직 한 가지밖에 없습니다. 그러나 이것을 알고 있는 사람은 매우 드뭅니다. 즉, '자신 스스로가 하고자 하는 마음을 불러일으키게 해 주는 것', 바로 이것이 비결입니다.

거듭 강조하자면 그 외에는 별다른 비결이 없습니다. 물론 상대의 가슴에 권총을 들이대 손목시계를 풀어주고 싶은 마음을 일으키게 할 수는 있습니다. 적어도 감시의 눈이 번뜩이고 있는 동안만은 채찍이나 호통을 쳐서 아이들을 마음대로 움직일 수도 있습니다. 그러나 이런 서툰 방법은 항상 좋지 못한 부작용이 있게 마련입니다.

사람의 마음을 움직이는 방법은 상대가 원하는 것을 주는 것이 최선의 방법입니다.

상대는 무엇을 원하는가? 20세기의 위대한 심리학자 프로이트 박사는 인간의 모든 행동은 두 가지 동기, 즉 성적 충동과 위대해지고자 하는 사회적 욕망에 의하여 비롯된다고 했습니다. 존 듀이 교수도 인간이 갖는 가장 뿌리 깊은 충동은 훌륭한 인물이 되고자 하는 욕구라고 했습니다. 존경 받고 싶은 욕구는 인간에게 있어서 매우 중요한 욕구입니다.

인간은 끊임없이 어떤 목표에 도달하려고 하는 동기를 부여받습니다. 배가 고프면 배를 채우려 하고 동료들에게서 멀어지면 어떻게든 한패가 되려는 욕구에 사로잡힙니다. 그러나 배가 고플 때는 먹을 것을 찾아야지, 동료들에게 따돌림을 받는 것은 문제가 되지 않습니다. 배고픔을 해결해야 비로소 동료들과의 문제가 절실하게 다가옵니다.

이처럼 욕구에는 단계가 있습니다. 미국의 심리학자 매슬로우(Abraham H. Maslow)는 인간은 아주 잠깐 동안의 시간밖에는 완전히 만족한 상태에 있지 못한다고 말합니다. 어떤 욕구가 충족되면 다른 욕구가 생깁니다. 그 욕구가 충족되면 또 그 다음의 욕구가 생기고 그것이 채워지면 또 다른 욕구가 생기는 것입니다. 욕구에는 단계가 있어서 맨 아래 단계의 욕구가 가장 강하고 그 욕구가 어느 정도까지 충족되지 않으면 다음 단계의 욕구는 행동을 일으키는 원인이 되기 어렵다고 합니다. 욕구불만이 행동에 영향을 미칠 수 있는데, 욕구가 만족되면 그것은 더 이상 동기를 유발하지 않는다고 합니다. 만약 충족된 욕구가 유지되지 않는다면 그 욕구는 다시 우선순위가 됩니다.

매슬로우는 욕구를 다섯 단계로 분류합니다.
가장 낮은 단계의 욕구는 생리 욕구입니다. 인간의 가장 기본적인 욕구로 배고픔이나 갈증이 여기에 해당합니다. 경영자는 종업원에게 임금을 지급함으로써 그들의 생리적 욕구를 충족시킬 수 있도록 해줍니다.
그 다음 단계는 안전 욕구입니다. 신체적인 위협이나 불확실성에서 벗어나고자 하는 욕구, 일상의 안전, 보호, 안정 등에 대한 욕구는 의료 보험이나 노후대책으로써 직업을 선택하는 행동에 반영되고, 경영자는 안전한 작업 조건, 직업 보장 등을 통해서 이런 욕구를 충족시킬 수 있습니다.

안전 욕구가 충족되면 사람들은 다른 사람들과 관계를 맺고 소속감과 애정을 나누고 싶어 합니다. 같은 회사의 동료들 사이에 끼고 싶다는 욕구가 그 예입니다. 회사에서는 야유회, 체육대회 같은 친목을 도모하는 행사를 통해 이러한 욕구를 충족시켜 줄 수 있습니다.

그 다음 단계는 다른 사람들로부터 자신의 능력에 대해 인정받고 싶어 하는 존경욕구입니다. 존경에 대한 욕구가 충족되지 못하면 사람들은 열등감과 무력감에 빠지기도 합니다. 직장에서 자신의 업무를 성공적으로 완수한다든가 동료들로부터 인정을 받음으로써, 또는 승진을 통해 자신감과 자부심을 갖게 되는 것 등이 존경 욕구를 충족시키는 데 도움이 됩니다.

제일 위 단계는 바로 자아실현의 욕구입니다. 자신의 잠재적인 능력을 최대한 발휘하고 창조적으로 자기의 가능성을 실현하고자 하는 욕구를 말합니다. 최근에는 기초적인 단계의 욕구보다는 자기 개발이나 자아실현의 욕구가 점차 중요해지고 있는 추세입니다.

저명한 심리학자 윌리엄 제임스는 말했습니다. "인간이 지니는 특성 중에서 가장 강한 것은 남한테 인정을 받는 것을 갈망하는 기분입니다." 여기서 제임스가 원한다든가 동경한다든가 하는 평범한 표현을 쓰지 않고 '갈망한다'라고 한 것에 주의하기 바랍니다. 갈망이란 인간의 마음을 끊임없이 흔들고 있는 불타는 듯한 갈증입니다. 타인에게 이와 같은 마음의 갈증을 올바로 채워 줄 수 있는 사람은 극히 드물지만, 그것을 가능케 하는 사람이야 말로 비로소 타인의 마음을 사로잡을 수가 있습니다.

자기 자신의 중요성에 대한 욕구는 인간을 동물과 구별할 수 있는 중요한 인간만의 특성입니다. 상대에게 자신감, 중요감을 갖게 하십시오.

③ 상대의 입장에서 생각하십시오.

카네기는 매년 여름마다 낚시를 떠났습니다. 카네기는 '고기는 무슨 이유인지 지렁이를 좋아한다.'라고 생각했습니다. 그래서 낚시를 갈 때, 그는 자신이 좋아하는 것은 미뤄놓고 고기가 좋아하는 것을 먼저 생각했고 지렁이를 바늘에 꿰어서 고기에게 내밀고 '어서 드세요' 라고 말했다고 합니다. 사람의 마음을 움직이는 것도 고기 낚는 법을 이용하면 됩니다.

영국의 수상 로이드조지도 이것을 이용했습니다. 제1차 세계대전 중 그와 함께 활약한 연합국의 지도자 윌슨, 오란드, 클레망소 등은 벌써부터 세상에서 잊혀 버렸는데도 유독 혼자만이 변함없이 그 지위를 보유하고 있습니다. 그 비결을 질문 받자, 그는 낚시 바늘에는 고기의 구미에 맞는 먹이를 달아 두는 것이 최선의 요령이라고 대답했습니다. 다른 사람의 기호는 되도록 잊고, 자기만의 것을 중시하는 것은 철부지의 어리석은 생각입니다. 물론 우리들은 자기가 좋아하는 것에만 흥미를 느낍니다. 그러나 자신 외에는 아무도 그런 것에 흥미를 가져 주지 않습니다. 그러니까 사람을 움직이는 유일한 방법은 그 사람이 좋아하는 것을 주제로 삼고 그것을 손에 넣는 방법을 가르쳐 주는 것입니다. '인간의 행동은 무엇을 원하는가?'에서부터 출발합니다. 적십자사에 10만원을 기부하는 행위는 어떤가요? 이것도 결코 이 법칙에서 벗어나지는 않습니다. 사람을 구제하고 싶다고 생각하기 때문이고, 신과 같이 아름다운 희생의 봉사를 하고 싶다고 생각했기 때문입니다.

아름다운 행위에서 생기는 기쁨보다 차라리 10만원이 탐난다고 생각하는 사람은 기부 같은 것은 절대 하지 않을 것입니다. 물론 마지못해 한다든가 중요한 사람으로부터 의뢰를 받았다든가 하는 이유에서 기부를 하는 경우도 있습니다. 그러나 그런 사람은 기부를 한 이상 무엇인가를 원했던 것이 확실합니다.

미국의 심리학자 오버스트리트 교수의 명저 〈인간의 행위를 지배하는 힘〉에는 다음과 같은 유명한 말이 있습니다. "인간의 행동은 마음속의 욕구에서 생긴다. 그러므로 사람을 움직이는 최선의 방법은 우선 상대의 마음속에 강한 욕구를 일으키게 하는 것입니다. 사업, 가정, 학교 혹은 정치계 등 어디서든지 사람을 움직이려는 사람은 이 사실을 잘 기억해둘 필요가 있습니다. 이것을 할 수 있는 사람은 만인의 지지를 얻는데 성공하고 그것을 할 수 없는 사람은 한 사람의 지지자를 얻는데도 실패합니다."

강철 왕 앤드류 카네기도 처음에는 스코틀랜드 태생의 가난뱅이에 지나지 않았습니다. 시간당 2센트의 급료를 받고 일하던 그가 나중에는 사회의 각 방면에 3억 6천 5백만 달러의 기부를 하기에 이르렀습니다. 그는 젊은 날에 이미, 사람을 다루려면 상대가 원하고 있는 일들을 생각하여 이야기해야 한다는 것을 깨닫고 있었습니다. 그는 4년간의 초등학력이 전부였으나 사람을 다루는 방법을 알고 있었습니다.

카네기의 사촌 누이동생은 예일 대학에 다니는 두 아들 때문에 앓아누울 만큼 걱정을 하고 있었습니다. 두 아들은 모두 자기 일에만 정신이 팔려 집에 편지 한 통도 보내지 않았고, 어머니가 아무리 편지를 보내도 답장조차 하지 않았기 때문입니다.

카네기는 누이에게 조카들이 회답에 대한 언급을 전혀 하지 않고도 그들이 답장을 보내올 것인지의 여부에 100달러를 걸고 내기를 하자고 했습니다. 카네기는 조카들에게 편지를 보냈고, 별 용건도 없는 두서없는 글이었는데, 다만 맨 끝에 "두 사람에게 5달러씩 보내주마"라고 적었습니다.

그러나 돈은 동봉하지 않았는데 얼마 후 조카들한테서 감사의 뜻을 전하는 답장이 곧바로 도착했습니다. "앤드류 숙부님, 편지 감사해요……." 그 다음의 문구는 상상에 맡깁니다. 남을 설득시켜서 무엇인가 일을 시키려면 명령하기에 앞서 자신에게 이렇게 물어볼 필요가 있습니다. 어떻게 하면 하고자 하는 욕구를 상대에게 불러일으킬 수 있을까?

상대와의 대화를 잘 풀어가려면 상대가 기뻐하며 기다렸다는 듯이 대답이 나오게 만드는 질문을 하면 됩니다. 상대의 일이나 자랑으로 삼고 있는 것을 이야기하도록 해야 합니다. 상대는 여러분의 일에는 별로 관심이 없습니다. 중국에서 백만 명이 굶어 죽는 대기근이 일어나도 개개인에게는 자신의 치통이 훨씬 중요한 사건으로 여겨진다는 거죠. 자신의 목에 생긴 부스럼이 아프리카에서 지진이 40번이나 일어난 것보다 더 큰 관심사입니다. 그러므로 상대의 입장에서 생각하고 타인과 이야기를 할 때는 이 점을 유념하면 크게 성공할 수 있습니다.

④ **듣는 입장이 되십시오.**

아이삭 F. 마커슨은 유명한 방문기자 중의 한 사람입니다. 그의 주장에 의하면, 좋은 첫인상을 주는데 실패하는 이유는 대개의 경우 상대가 말하는 것을 듣지 않기 때문이라고 합니다.

우리도 경험하는 것처럼 때론 자기가 말하려는 것만을 생각하고 있어 귀가 텅 비어있는 사람이 많습니다. 덕망 높은 사람은 대개 이야기를 잘하는 사람보다도 잘 듣는 사람입니다. 그러나 듣기 좋아하는 재능은 다른 재능보다도 훨씬 얻기가 어렵습니다. 자기의 이야기를 들어 달라고 의사를 부르는 환자도 있었습니다.

링컨은 남북전쟁의 막바지에 고향인 스프링필드의 옛 친구에게 편지를 보내어 워싱턴으로 와달라고 청했습니다. 즉, 중요한 문제에 관해 상의를 하고 싶다는 것이었습니다. 그 친구가 백악관에 도착하자 링컨은 노예해방 선언을 발표하는 것이 과연 좋은 방법인지, 어떤 사람은 해방에 반대하고 어떤 사람은 찬성하고 있다는 등의 이야기를 몇 시간에 걸쳐 상의하였고, 투서와 신문기사를 읽었습니다. 이야기가 끝나자 링컨은 혼자서 지껄이고 있었으나 그래도 마음이 썩 흡족한 모양이었습니다. 링컨은 상대의 의견을 들을 필요가 없었던 것입니다. 다만 마음의 부담을 덜어 주는 사람, 자기와 같은 마음이 되어 편히 들어주는 사람이 필요했음이 틀림없었습니다. 마음에 괴로움이 있을 때는 누구나 그렇습니다. 화를 내고 있는 손님, 불평을 안고 있는 고용인, 상심하고 있는 친구 등 모두 성실히 들어 주는 사람이 필요합니다.

타인에게 배척당하거나 뒤에서 비웃음이나 경멸을 당하고 싶다면, 다음과 같은 사항을 잘 지켜야 합니다.

→ 상대의 이야기를 결코 오래 듣지 말 것.
→ 시종 자기의 이야기만을 늘어놓을 것.
→ 상대가 이야기를 하고 있을 때 의견이 있으면 곧 상대의 이야

기를 중단시킬 것.

→ 상대는 머리 회전이 둔하니 그런 인간의 무의미한 이야기를 끝까지 듣고 있을 필요는 없으므로 이야기 도중에서 지체 없이 자신의 말을 꺼낼 것.

세상에는 이러한 사항을 엄수하는 사람이 실제로 많다는 것을 알 수 있을 것입니다. 유명한 사람 중에도 그러한 사람이 있으니 놀랄 일입니다. 그런 사람은 정말 지루해서 견딜 수가 없는 상대입니다. 자아 도취하여 자기만이 잘났다고 생각하는 사람입니다. 자기의 이야기만을 지껄이는 사람은 자기의 일밖에 생각하지 않습니다.

콜롬비아 대학 총재 니콜라스 M 바클리 박사는 이렇게 말하고 있습니다. "자기의 일밖에 생각하지 않는 인간은 교양이 없습니다. 비록 수준 높은 교육을 많이 받았다 해도 교양이 없는 사람입니다."

좋은 이야기꾼이 되려면 좋은 귀를 가져야 합니다. 찰스 N리 부인은 다음과 같이 말했습니다. "상대방에게 흥미를 갖게 하려면 먼저 이쪽이 흥미를 가져야 합니다." 타인을 다루는 가장 효과적인 방법은 듣는 입장이 되는 것입니다.

여러분에게 실패란 없으며, 오직 교훈이 있을 뿐이다. 성장은 고난과 실수에서 찾아온다. 실험과 시도가 곧 성장을 가져다준다.

실패한 시도는 성공한 시도와 마찬가지로 똑같은 성장이라는 열매를 가져다준다. 우리는 자신보다 타인을 더 잘 알 수 있으며, 행동에 있어서도 우리 자신의 행동보다 타인의 행동을 더 잘 관찰할 수 있다.

2. 신뢰가 우선이다.

① 신뢰가 먼저입니다.

네트워크 마케팅 사업은 인간관계 사업입니다. 인간관계의 기초가 먼저이고 제품은 나중입니다. 또한 우정이 먼저이고 성공하는 일은 이 후의 문제입니다.

인간관계의 신뢰가 쌓이지 않으면 서로의 관계는 불편할 뿐입니다. 사업으로 만들어진 네트워크는 모든 사업자들이 노력한 결과입니다. 따라서 서로가 나누는 가치와 꿈은 신뢰를 매개로 전달되고 신뢰를 쌓기 위해서는 사업자들 사이에 지켜야 할 철칙(cardinal rule)이 있습니다.

첫째, 사업자간에 돈 거래를 하지 말아야 합니다.

둘째, 사업자의 배우자에 대한 예의(윤리, 도덕관)를 지켜야 합니다.

셋째, 부정적인 말은 하지 말아야 합니다(no negative). 그것은 긍정적으로 사업을 진행시키고 있는 사람에게 나쁜 영향을 줍니다.

넷째, 크로스 라이닝(cross lining)을 철저히 금합니다. 크로스 라인(cross line)의 사업자끼리는 격려하고 우애를 나누고 선의의 경쟁만 있으면 됩니다. 한국의 네트워크 마케팅 사업에서는 크로스 라이닝 때문에 실패하는 경우가 허다합니다. 안면이 있다고 해서 스폰서를 떠나 다른 네트워크 회사로 옮겨 다니면서 결국 실패를 하는 경우가 많았습니다.

다섯째, 대화를 할 때는 저속한 말이나 분위기를 피해야 합니다. 한 사람의 한마디가 다른 사람의 사업여부를 결정할 수도 있습니다.

② 좋은 인맥을 만듭니다.

네트워크 마케팅의 생명은 인맥입니다. 좋은 인맥을 만나면 라인을 충실하게 쌓아갈 수 있으며 나쁜 인맥에 부딪치면 라인의 연결이 끊어지기 쉽습니다. 따라서 라인을 만들 때 아무리 많은 사람을 만날지라도 그것이 나쁜 인맥이라면 별다른 도움이 되지 않습니다.

네트워크 마케팅을 성공적으로 전개하기 위해 시야가 넓은 좋은 인맥을 구축하려면 세미나 등 여러 모임에 적극적으로 참석하여 교류의 범위를 넓히려는 노력이 필요합니다. 하지만 많은 모임에 참석하여 많은 사람들에게 말을 걸어도 쉽게 인맥관계를 형성하지 못하는 경우가 많습니다. 이 경우, 가능한 한 출

석자와 친해지려 애쓰기보다는 세미나 주최 측 담당자(업 라인 스폰서)와 친해지는 것이 더 효과적입니다. 주최자는 그 모임에 오는 멤버(스폰서, 파트너관계)를 대부분 알고 있기 때문에 올바른 소개를 받는 것이 바람직합니다. 이때 뭔가 다른 속셈으로 접근하는 것은 옳지 못합니다. 배우겠다는 자세로 접근하도록 해야 합니다.

③ 미리 상대방을 판단하지 않아야 합니다.
예비 사업자에게 사업계획에 대해 말하기 전에 '이 사람은 아마도 사업을 잘할 거야.' 혹은 '저 사람은 이 사업에 적합하지 않겠군.' 이라고 멋대로 상대방을 판단하면 안 됩니다. 여러분이 스폰서로부터 사업계획을 듣고 스스로 판단한 것처럼, 여러분의 예비사업자 역시 선택의 자유를 갖고 있습니다. 다시 말해서 네트워크 마케팅 사업에 대한 결정은 예비 사업자 스스로 내려야 합니다.

첫인상이나 외모, 차림새를 보고 상대방을 판단해서는 안 됩니다. '겉모습만으로 사람을 판단할 수 없다.'는 말처럼 네트워크 마케팅에서는 학력이 높고 누구보다 성공할 것처럼 보이는 사람이 사업을 어려워하기도 하며, 절대로 성공하지 못할 것처럼 보이던 사람도 대성공을 거두는 일이 종종 있습니다. 따라서 사람에 대해 편견을 갖지 말도록 해야 합니다.

중요한 것은 여러분이 명단에 올린 모든 사람들에게 사업계획을 효율적으로 설명하겠다는 자세를 갖추는 것입니다. 그러면 생각했던 것보다 훨씬 더 좋은 결과를 얻을 수 있습니다.

④ **항상 긍정적으로 생각하십시오.**

스피드 시대에 '말을 잘한다'는 것은 '말이 많다'는 개념과는 근본적으로 다릅니다. 군더더기 없는 말로 최대한 빨리 상대를 설득해낼 수 있는 능력은 곧 비즈니스 사회의 경쟁력입니다. '말 잘하는 법'을 이야기할 때 전문가들이 이구동성으로 꼽는 조건은 되도록이면 부정어법을 삼가라는 것입니다. 부정어법은 부정적 사고방식을 스스로 고백하는 꼴이기 때문입니다. 인생에서 성공하려면 모든 일에 긍정적으로 임해야 합니다. 네트워크 마케팅에서 성공한 사람들의 공통점 중의 하나는 그들 모두가 긍정적인 사고의 소유자라는 점입니다. 평소에 늘 긍정적인 생각을 하고 긍정적인 발언을 되풀이 하면 긍정적인 사고를 갖게 됩니다. 따라서 네트워크 마케팅 사업에서 성공하고 싶다면 평상시에도 늘 의식적으로 긍정적인 표현을 하도록 노력해야 합니다.

컵에 주스가 반이 들어 있을 때는 '아니 주스가 반밖에 안 남았네!' 하는 것이 아니라 '아직 반이나 남아 있구나!' 라고 표현하는 것이 이상적입니다.

시대의 흐름을 읽는 것은 성공으로 가기 위한 기본입니다. 변화를 빨리 찾아내고 그 변화를 활용할 때 성공의 기회가 옵니다. 물려받은 것은 없고, 가진 것이 많지 않은 사람들에게는 시대의 변화에 보다 발 빠르게 대처하는 방법 밖에는 없습니다. 우리는 변화와 미래의 정보에 민감해야 합니다. 기회는 잡을 수 있을 때 잡는 것이지 지나간 후에 잡을 수 없습니다. 누군가 말하기를 기회의 앞머리는 길지만 뒷머리는 대머리라고 합니다. 앞에 있을 때는 잡기 쉽지만 지나가면 아무리 잡으려고 해도 잡을 수 없다는 비유에서 나온 말입니다.

네트워크 마케팅 사업을 전개하다가 만나게 되는 장애에 대해서도 '휴우, 나는 되는 일이 없어…….' 라고 푸념하기보다는 '이 시련은 내가 크게 성장하기 위해 필요한 관문이다.' 라고 긍정적으로 생각해야 합니다. 어떤 일이 생길지라도 긍정적으로 받아들이도록 합시다. 그러면 그것이 잠재의식 속에서 만사를 긍정적으로 받아들일 수 있게 만듭니다. 그리고 그것은 곧 여러분의 네트워크 마케팅 사업에서 성공으로 한 걸음 더 다가가는 길이 되는 것입니다.

지금 세계는 뉴 패러다임이 형성되고 있습니다. 4차 산업혁명과 함께 정보통신 혁명, 바이오혁명, 나노혁명, 유비쿼터스 시대와 U-트레이드 혁명으로 인해 엄청난 직업의 변화, 기업의 변화, 산업의 변화가 나타나고 있습니다. 변화에 빠르게 적응하는 방법 가운데 하나는 변화를 긍정적으로 받아들이고 스스로 변화를 주도해 가는 것입니다.

행복의 비결은 포기해야 할 것을 포기하는 것이다.

— 앤드류 카네기 —

3. 사업자가 가져야 할 내적자세

① 칭찬과 격려(Edification)

· 성장을 위한 최선의 환경을 만들기 위해서는 좋은 정신의 함양이 필요합니다.

· 많은 사람들이 네트워크 마케팅 사업에서 서로 간에 격려하고 배려하고 인정하며 존중하고 아울러 격을 세워주는 것을 직접 목격하는 데서부터 성장하게 되어 있습니다.

· 좋은 정신, 덕성의 함양은 가정에서부터 시작되어야 함으로 배우자, 자녀, 가족 간에 장점을 칭찬하고 약점은 덮어주고 격려해 줍니다.

다른 사람 앞에서 배우자나 스폰서와 파트너를 절대로 깎아내려서는 안 되며 서로를 세워주려는 좋은 덕성이 필요함으로 시스템에 들어온 사업자 모두가 좋은 정신과 마음을 키우고 유지하도록 노력해야 합니다.

② 친교(Association)

· 팀워크를 중시하고 이것의 힘을 이용해야 협조적이고 생산적인 시스템이 만들어집니다.

- 제품위주로 사업을 하면 큰 사업을 하지 못합니다. 사람을 중심으로 감성 비즈니스를 하며 감성은 수치로 설명이 안 되지만, 소리 없이 사람을 움직입니다.
- 업 라인과 친분이 깊은 파트너와 친교를 나눕니다.
- 우정을 쌓기 위해서는 친밀해지는 것부터 시작해야 합니다.

③ 의사소통 - 대화(Communication)

- 업 라인 스폰서와의 연결을 철저히 유지합니다. 그래야만 이 자신도 파트너와의 지속적인 연결로 하나의 그룹을 형성하고 이탈을 방지할 수 있는 유일한 성공 시스템입니다.
- 항상 의문점을 갖고 있지 말고 시스템대로 하는 스폰서와 상담하여, 시스템에 따라 해결합니다.
- 스폰서가 전화하기 전에 내가 먼저 전화하여 사업의 진행 사항을 점검합니다.
- 주 1회 상위 스폰서와 사업진행에 대해 솔직한 진단을 받는 것이 본인 사업에 유익합니다.

④ 동기부여(Motivation)

- 파트너를 동기부여 시키는 것은 그들을 믿는 데서 시작합

니다.
· 파트너들의 장점을 강화시켜 주고, 단점은 들춰내려고 하지 말아야 합니다. 일정 기일을 정해 그들의 꿈과 희망을 말해주는 간단한 이메일이나 문자메시지라도 보내주는 것이 좋습니다.
· 다른 사람을 동기부여 시키려면, 먼저 자기 자신이 늘 동기 부여된 상태여야 합니다. 스스로 동기를 부여 하십시오.
· 사람은 유사한 욕구에 의해 네트워크 마케팅 사업에 동기 부여가 됩니다. 사람의 욕구는 존경받고 싶어하는 욕망, 유산의 개념, 재정적 인정의 필요성, 즐거움의 추구, 어린 시절의 못 이룬 꿈, 권력에 대한 욕망, 좋은 건강에 대한 욕망, 다른 사람을 돕는 것, 인생자체의 즐거움 등입니다.
· 항상 여러분과 파트너의 꿈에 초점을 맞추어야 합니다.
· 훌륭한 모델을 여러분 앞에 두고 모방하는 것도 좋은 방법입니다.

⑤ 적극적인 홍보(Promotion)
· 시스템에 합류하여 자신을 후원하는 스폰서와 업 라인을 프로모션(홍보)합니다.

- 모임이나 세미나&랠리, 컨벤션에 대하여 프로모션(홍보)하여 파트너들과 적극 지지하여 참석합니다.
- 네트워크 마케팅 사업과 시스템을 홍보합니다.
- 직접 제품을 애용해 보고, 제품 효과에 대해 홍보합니다.
- 적극적인 프로모션은 남을 스스로 움직이게 하는 힘입니다.
- 책과 사업소개 자료 등의 내용을 프로모션 합니다. 책과 사업소개 자료를 그냥 주는 것은 방치하는 것과 같습니다.

⑥ 복제(Duplication)
- 긍정적인 감정을 프로그램화 합니다.
- 성공 습관을 가지고 먼저 내 네트워크 마케팅 사업에 있는 전 제품을 사용하고 애용합니다.
- 고 게더(Go-Getter)를 철저히 복제합니다.
- 시스템을 그대로 실행합니다. 그것은 성공한 사람들의 성공 바퀴(법칙)이며 그들의 오래된 지혜입니다.
- 균형 잡힌 뎁스와 윕스에 리더가 되는 것에 집중합니다.
- 수익성 강한 그룹을 만들어 나갑니다. 내가 원하는 라이프 스타일을 늘 염두에 두고 이를 실천합니다.
- 행동하기 전에 파트너들에게 끼칠 영향에 대해 생각해야

합니다. 예를 들어 내가 이렇게 할 때 파트너들이 복제하면 어떻게 될지를 생각해 보아야 합니다. 자신이 복제된 만큼만 파트너도 복제되어 그룹의 성장에 기여 합니다.

We are better able to study our neighbors than ourselves, and their actions than our own.

우리는 자신보다 타인을 더 잘 알 수 있으며, 행동에 있어서도 우리 자신의 행동보다 타인의 행동을 더 잘 관찰할 수 있습니다.

4. 칭찬이 좋은 관계를 만든다.

① 진심으로 칭찬합니다.

영국의 조지 5세는 버킹검 궁전의 서재에 6조로 된 금언을 게시해 놓고 있습니다. 그 중에 "값싼 칭찬은 주지도 말고 또 받지도 말라!"라는 항목이 있습니다. 아첨은 바로 '값싼 칭찬'입니다. 또 아첨은 '상대의 자기평가에 꼭 들어맞는 말을 해 주는 것'입니다. 이것은 마음에 새겨 두어도 좋은 말입니다.

미국의 사상가 에머슨은 이렇게 충고하였습니다. "인간은 어떤 말을 쓰더라도 본심을 속일 수는 없다." 만약 아첨으로써 만사가 제대로 된다면 누구나 모두 아첨하기를 좋아할 것이며, 세상은 온통 사람을 다루는 명수들로 꽉 차게 될 것입니다.
 에머슨은 또 이렇게 말합니다. "어떤 인간이든 나보다 뛰어난 장점을 갖고 있습니다." 거짓 아닌 진심으로 칭찬하도록 해야 합니다. 상대는 그것을 마음 깊이 간직하여 평생토록 잊지 못할 것입니다. 칭찬을 한 본인은 설령 잊어도 칭찬을 받은 사람은 언제까지나 잊지 않고 여러분의 칭찬을 소중히 간직합니다.

칭찬은 그 자리에서만 듣기 좋은 말을 건네는 것이 아니어야 합니다. 스폰서나 파트너의 성격과 사업현황을 잘 파악해서 그들의 능력과 의욕을 향상시킬 목적으로 개개인에게 맞게 칭찬해야 합니다. 거짓된 아첨이 아니라 진실한 칭찬에 익숙해져야 합니다.

진심으로 칭찬을 하면 잠재되어 있는 힘이 발휘되어 상대방을 키우는 효과가 있습니다. 남을 키워야 자신도 클 수 있는 것이 네트워크 마케팅 사업의 매력 가운데 하나입니다. 상대에게 조금이라도 장점이 있으면 아끼지 말고 칭찬하면 무기력해 보이는 사람도 인생에 적극적으로 대처하려고 노력합니다. 세상이 각박해질수록 그에 대처하는 능력을 키워야 합니다. 칭찬은 중요한 역할을 하게 됩니다. 사람은 기분이 좋아지는 말을 반복하는 사이에 점점 힘이 생기게 되며 이런 경우 칭찬은 촉진제로 작용합니다.

함께 이야기하다 보면 즐거워지는 사람, 화제가 풍부한 사람, 이야기를 잘 들어주는 사람 등은 주위 사람들의 마음을 사로잡는 매력적인 사람이 될 수 있습니다. 칭찬을 하려면 상대방의 장점을 꿰뚫어보는 안목이 있어야 하고 그것을 인정하는 넓은 마음이 필요합니다. 그렇기 때문에 자기 스스로 자신감이 없는 사람은 남을 칭찬할 수 없습니다.

미국의 5대 대통령 제임스먼로는 "아무리 사소한 칭찬이라도 의기소침해 있는 사람에게는 큰 힘이 될 수 있습니다."고 했습니다.

스포츠 선수들은 보통 엄한 꾸중을 들으면서 훈련을 받는데 자주 질책을 받는 선수들은 부담이 커서 큰 경기에 약한 경향이 있다고 합니다. 최근에는 꾸짖기보다는 칭찬을 통해 자신감을 갖게 하는 훈련방식이 대세입니다.

칭찬은 즐겁고 밝은 기분을 만듭니다. 칭찬은 할 수 있다는 자신감을 생기게 합니다. 칭찬은 의욕을 넘치게 하고 사람을 적극적으로 변하게 만들고, 칭찬을 하려고 상대방의 장점을 살피다 보면 시야가 넓어지며, 칭찬하는 쪽과 칭찬 받는 쪽 모두 자유롭고 편해집니다. 누군가 노력해서 큰 성과를 올렸을 때는 '정말 잘했어' 라고 곧바로 칭찬해야 합니다.

괴테의 명언가운데 '슬픔은 나누면 반이 되고 기쁨은 나누면 배가 된다.'는 말이 있습니다. 남이 열심히 노력해서 성과를 올렸을 때 내가 기뻐해주면 상대는 앞으로도 열심히 해야겠다고 다짐하게 됩니다.

칭찬할 때는 바로 당장 해주어야 합니다. 일주일전이나 오래

된 이야기는 신선함이 떨어집니다. 칭찬은 내용이 구체적이어야 하며, 단순히 느낌이 좋다고 그칠 것이 아니라 깍듯이 인사를 해서 좋다는 식으로 구체적으로 표현해야 합니다. 다른 사람이 칭찬을 받으면 나도 기뻐하며 기쁜 마음을 솔직히 전달해야 합니다.

상대방의 다른 면, 새로운 가능성을 발견해 지적합니다. 능력이란 자신감을 가질 수 있는 영역을 말합니다. 사람의 능력을 향상시키기 위해서는 자신감을 갖게 하는 일이 무엇보다 중요합니다.

에드워드 타운젠트는 세계 복싱 챔피언을 6명이나 키워 낸 유명한 트레이너입니다. 그는 격려하고 칭찬하는 방법으로 선수를 교육하고 훈련시킨 인물입니다. 타운젠트의 지도방법 속에는 "사랑으로 가르친다."는 마음이 담겨 있었다고 합니다. 선수에게 애정을 전달하고 장점을 칭찬하는 것으로 "그래 그거야!" "좋았어!" "잘했어!"라고 끊임없이 격려해서 선수들의 장점을 키워나갔습니다. 선수가 시합에서 패한 밤에는 많은 시간을 그의 곁에서 용기를 북돋워 주었다고 합니다. "선수가 이겼을 때 저는 바로 집으로 돌아갑니다. 하지만 졌을 때는 계속 선수 옆에 있어줍니다. 누구보다 그가 가장 힘들 테니까요! 그가 하는 이야기를 모두 들어 주죠."라고 말합니다.

　칭찬을 지탱해주는 것은 상대방에 대한 신뢰감입니다. 내가 신뢰하고 있으므로 상대방은 기대에 부응하기 위하여 결점을 장점으로 바꾸려는 용기를 가질 수 있습니다. 최근에는 가정에서 나누는 부부사이의 대화도 조금씩 달라지고 있습니다. 남편은 아내에게 관심어린 말을 좀 더 많이 건네야 합니다. 남편이 먼저 "항상 여러분에게 미안하고 고마워." 하고 아내에게 말을 걸면 아내는 "뭘요, 저도 늘 여러분에게 고마워하고 있어요." 하고 답할 것입니다.

② **진심으로 격려 합니다.**

　타인의 마음을 사로잡는 비결은 타이밍에 맞게 아낌없이 격려하고 자신감을 갖게 만드는 일입니다.

　예로 제가 아는 40대 독신자가 있습니다. 그가 최근에 독신생활을 청산하고 약혼을 했는데, 약혼녀가 그에게 댄스를 배우라고 권했습니다. 그래서 그는 댄스를 배우기로 마음먹었습니다. 그는 자기를 가르쳤던 댄스교사에 대해서 내게 다음과 같이 말했습니다. "나는 젊었을 때 댄스를 배운 것 외에 20년 동안 춤춰 본 적이 없었기 때문에 새로 배워둘 필요는 있었습니다. 처음에 방문한 교사는 나의 춤이 형편없다고 했습니다. 아마 진심으로 그렇게 말했을 것입니다. 처음부터 다시 배우지 않으면 안 된다고 말했는데도 나는 그만 싫증이 나서 배우러 가는 것을 포기해 버렸습니다."

그의 다음 이야기는 "두 번째로 만난 댄스 교사는 다소 거짓말을 한다는 것을 알았지만 나는 그 사람의 태도가 마음에 들었습니다. 나는 댄스 솜씨는 다른 사람들에 비해 다소 뒤져있으나 기본이 확실하기 때문에 새로운 스텝을 쉽사리 익힐 수 있게 될 것이라고 말하였습니다. 첫 번째 교사는 결점을 강조하여 나를 실망시켰으나 두 번째 교사는 그 반대였습니다. 장점을 강조했을 뿐 결점에 대해서 별로 말하지 않았습니다. 리듬에 잘 소화하고 소질도 상당히 있다고 칭찬해 주었습니다. 이런 이야기를 들으니 내 자신이 서투른 것을 알고 있으면서도 착각을 하게 되었습니다. 물론 수강료를 지불하고 배우면서 칭찬을 듣는 것쯤은 흔한 일이지만 기분 좋은 것은 어쩔 수 없었습니다. 어쨌든 나는 칭찬을 받은 덕분으로 댄스는 능숙해져 갔고 교사의 말에 힘이 나고 희망이 생겨서 향상심이 발동하였습니다."

누구든지 바보라든가 무능하다든가 재간이 없다고 꾸짖는

것은 향상심의 싹을 잘라 버리는 것과 같습니다. 그 반대로 장점을 칭찬해주면 그 힘을 돋우고 할 수 있다는 의욕을 불어넣어주게 됩니다.

로엘 토머스는 이런 방법을 쓰고 있습니다. 그 방법에 있어서 그는 명수입니다. 사람을 분발시키고 자신감을 부여하고 용기와 신념을 심어 주는 솜씨가 매우 뛰어난 사람입니다. 이런 사례가 있었습니다. 최근에 카네기는 토머스 부처와 함께 주말을 보낸 일이 있었습니다. 그날 밤에 카네기는 불이 타고 있는 난로 옆에서 브리지(카드놀이의 한 가지)를 하자는 권유를 받았습니다. 그러나 카네기는 전혀 할 줄 몰랐습니다. "데일, 브리지가 뭐가 어렵다고 그래. 별다른 비결은 아무것도 없고, 다만 기억력과 판단력만 있으면 된다네. 자네는 기억력에 관한 책자도 낸 적이 있지 않은가. 자네에게는 꼭 안성맞춤인 게임이야." 그래서 카네기는 자신감을 얻고 난생 처음으로 브리지 테이블에 마주 앉았습니다. 모두가 추켜 세워주는 바람에 카네기는 어려움 없이 손쉽게 배울 수 있었습니다.

어느 기업에서 회사업무는 꼼꼼하게 처리하고 동료 직원들하고도 원만하게 잘 지내는 팀장이 있었는데 흠이라면 5분, 10분 지각하는 버릇을 5년이나 지나도록 고칠 수가 없어 늘 상사로부터 핀잔을 들어왔습니다. 도저히 시정하지 않고 있어서 사장에게 보고하여 처리를 요청했는데, 사장은 이제부터 팀장에게 지각에 있어서만큼은 징계를 하지 말고 잘하는 것이 있으면 칭찬을 하도록 지시하였고 지시대로 작은 것에도 칭찬을 하였더니 더 잘하려고 그날 이후론 지각하는 버릇이 없어졌다고 합니다. 사람에게 칭찬이란 것은 모든 문제에 있어서 플러스 알파 효과를 보고 있다는 것이 증명된 것입니다.

> 과거의 불행에 연연하는 것은 또 다른 불행으로 가는 지름길이다.
> - 셰익스피어 -

5. 네트워크 마케팅 사업의 세미나와 랠리

① 세미나와 랠리는 동기부여 차원의 미팅입니다.

나는 같이 사업하는 사람이 없으므로 가지 않겠다는 생각은 아주 이기적이고 위험천만한 생각입니다. 이 사업은 복제사업입니다. 다운이 없다고 가지 않는다면, 다운이 생기더라도 그 사람도 또한 자신의 다운이 없으니 가지 않을 것입니다. 그러면 나도 다운이 가지 않으니 또 안 가게 되고, 이렇게 되면 언제까지나 내 그룹은 세미나나 랠리에 참석하는 사람이 없거나 희박합니다. 그러면 사업 진행이 제대로 되지 않습니다. 이 사업의 기본은 내가 제품을 사용하고 써본 감정을 전달하는 사업입니다.

세미나 랠리도 마찬가지입니다. 내가 가서 분위기도 파악하고 사람도 사귀어야 합니다. 랠리에서는 무엇이 계획되어 있으며, 교육 내용은 어떠한지, 참석해 보니까 내 사업에 얼마나 도움이 되는지를 몸소 느껴야 합니다. 느낀 감정을 전달해야 내 다운은 혼자서라도 참석하게 되는 것입니다. 나는 혼자서는 참석하지 않지만 내 다운은 혼자라도 참석하기를 바란다면 내 사업의 더 이상 발전을 기대하기 힘듭니다.

세미나나 랠리도 마찬가지로 많은 사람들이 참석해야 합니다. 참석한 사람 모두 진지하고 때로는 감동적으로 눈물도 흘리고 해야 처음 온 사람들도 덩달아 느낌이 오는 것입니다. 커다란 강당에 몇몇 사람만 모여서 하는 행사라면 정말 다시 오고 싶지 않을 것입니다.

② **주변의 다양한 모임**

네트워크 마케팅 사업을 위한 미팅만이 아니라 다른 종류의 미팅도 같은 맥락에서 생각해야 합니다. 미팅을 통해 우리는 인간관계의 폭이 넓어지는 것입니다. 대인관계가 풍부한 사람은 남의 고민을 해결해 주는 해결사가 될 수 있습니다. 어릴 적부터 허물없이 지내온 동네 소꿉친구들의 친목모임에서부터 고등학교 동문회, 대학교 학과 동기모임, 고향 향우회, 군대 동기모임, 조기축구회, 산업경영 대학원 모임, 입사 동기모임, 사내 등산 동아리에 이르기까지 지역과 학교, 군대, 취미생활의 모임에 적극적으로 참여하고 궂은일을 도맡아야 합니다. 다양한 모임의 주기적인 연락과 모임장소 섭외는 물론 경조사 공지와 지원 등 온갖 궂은일을 마다하지 않으며 맺어온 인간관계는 네트워크 마케팅 사업을 성공시키는 원동력입니다. 사람이 한 평생 살면서 결국 남는 건 인간관계이고, 그 안에서 비로서 자신이 살아있다고 느낄 수 있습니다.

미국 하버드 대학과 캘리포니아 샌디에이고 대학(UC San Diego) 연구팀은 실험을 통해 '행복은 타인과의 사회적인 네트워크(social network)를 타고 전염 된다'는 사실을 입증했습니다. 샌디에이고 대학의 제임스 파울러 정치학과 교수는 "사회적인 네트워크의 중심에 있는 사람들은 네트워크를 통해 퍼지는 행복에 좀 더 쉽게 전염될 수 있기 때문에 남들보다 더 행복해지는 경향이 있다."라고 설명합니다. 즉 사회적인 네트워크의 주변부에 있는 사람보다는 네트워크의 중심에서 적극적으로 대인관계를 지속시켜 나가는 사람이 훨씬 더 행복해질 확률이 높다는 것입니다.

장덕진 서울대 사회학과 교수도 "폭넓은 인맥을 바탕으로 모임의 구심점 역할을 하는 사람일수록 그 속에서 얻은 다양한 정보를 활용해 합리적인 판단과 새로운 혁신을 이끌어낼 가능성이 높다."고 분석합니다. 각양각색의 사람들이 한데 어우러져 살아가는 현대 사회는 수많은 네트워크들이 유기적으로 얽히어 굴러가는데 이 때 네트워크의 중심에서 다양한 사람들의 의견을 조율하며 주도적으로 모임을 이끌어가는 사람은 반드시 필요한 존재입니다.

심리 치료사이자 자기계발 훈련가인 마빈 토마스는 저서 〈사교의 기술〉에서 인간관계를 형성할 때 목적의식을 갖지 않거나 적극적인 노력을 기울이지 않은 사람들은 성공하기 힘들다고 말합니다. 여러분의 인간관계는 여러분 주변에 있는, 여러분이 알고 있는 모든 사람들로 이루어집니다. 그리고 인간관계는 끊임없이 변화하고 성장합니다. 이때 우연이 아닌 계획을 세워 만든 인간관계는 인생의 가장 귀중한 자산 중의 하나가 되고, 인간관계가 가장 중요한 자산이 될 수밖에 없는 이유는 여러분이 가진 잠재력을 최대한 발휘시켜주는 것이 바로 주변 사람들이기 때문입니다. 여러분 주변에 사람들이 별로 없다면 여러분의 인생은 매우 공허하고 쓸쓸할 것입니다. 그러나 여러분을 도와주려는 사람들이 주변에 많다면 여러분의 인생은 매우 충만하고 윤택할 것입니다. 튼튼한 인간관계는 곧 성공한 인생을 의미합니다.

심지어 가족이나 친구, 사업 파트너뿐만 아니라 얼굴만 알고 이름은 모르는 주변의 은행원이나 동네병원 의사, 슈퍼마켓 점원 등 평소 알고 지내는 모든 사람과의 관계를 잘 형성한다면 분명 언젠가 그들이 여러분을 도울 날이 있을 것입니다. 즉, 주변의 모든 사람들과 두루두루 잘 지내는 것이야말로 성공적인 인생을 사는 지름길입니다.

언뜻 듣기엔 목적이나 사심을 품고 다른 사람과 관계를 맺는다는 게 지나치게 이해타산 적이라는 생각도 들지만 인생을 주어진 대로만 사는 사람은 인간관계뿐 아니라 경제, 직업, 건강 등 다른 일에도 계획을 세우는 법이 없고 그럴 경우 성공할 확률이 낮습니다. 목적의식을 갖고 적극적인 노력을 기울여 인간관계를 발전시키는 일은 자기계발을 중시하는 현대 사회의 새로운 미덕입니다.

다양한 인맥을 바탕으로 모든 인간관계의 중심축이 되는 '허브(Hub)', 사람과 사람 사이를 이어주는 '링커(Linker)', 새로운 소식과 정보들을 가장 빨리 전파할 수 있는 위치에 있는 '센터(Center)' 등 3가지 특성을 두루 갖춘 현대사회의 새로운 인간유형이 네트워크형 인간입니다. 특히 최근 휴대폰 문자와 카카오톡, 인터넷상에서의 일촌 맺기, 온라인 동호회, 트위터 등 인간관계의 매개체 역할을 하는 통신수단들이 점차 발달하면서 네트워크형 인간의 활동 반경은 더욱 넓어지고 있습니다. 네트워크형 인간은 자발적인 참여의식이나 희생정신이 남들보다

투철한 동시에 중립적인 위치에서 다양한 사람들의 이해관계를 아우르려는 성향이 강합니다.

　자신과 비슷한 성격이나 가치관을 가진 사람들끼리 맺어진 모임은 제한적이고 낡은 정보를 접할 수밖에 없기 때문에 편협한 결정을 하기 쉽지만 폭넓은 인간관계 속에서 다양한 사람들과 어울리는 사람의 경우 보다 광범위한 정보를 토대로 한 균형 잡힌 시각으로 합리적인 판단을 내릴 수 있습니다. 또 나와는 다른 시각을 가진 사람들과 머리를 맞댈 경우 혁신이나 새로운 부가가치를 창출할 가능성이 더 높아집니다. 특히 모임을 주도하는 사람일수록 남들보다 더 빨리 혁신의 가능성을 발견할 수 있습니다. 어떤 이득을 우선시해 상대방에게 접근하면 속 깊은 인간관계를 맺기 힘들다는 비판이 있을 수 있습니다. 개인적인 욕심을 버리고 상대방을 진심으로 대할 때 모든 사람들에게 인정받는 진정한 네트워크형 인간이 될 수 있습니다.

6. 반드시 성공의 8단계를 활용하라.

네트워크 마케팅 사업을 시작하여 성공한 비즈니스가 계속적으로 성장하기 위해서는 입증된 올바른 사업 방법이 있어야 합니다. 그것은 자동적으로 생기는 것이 아니고, 성장의 원천은 입증된 패턴과 성공 시스템의 사용입니다.

네트워크 마케팅 사업에서 신속한 출발을 하려면 자기 스스로 시스템에서 제시하는 원리를 충분히 이해하기 전까지는 믿음을 가지고 입증된 테크닉을 따르면 됩니다. 또한 완벽하게 세워진 계획은 성공에 필수적입니다. 시스템에서 제시한 '성공을 위한 패턴'은 여러분의 목표를 달성하는데 도움을 줄 것입니다.

지난 40년에 걸쳐 미국에서는 수많은 사람들이 성공의 8단계를 네트워크 마케팅 시스템에 적용함으로서 수많은 성공자를 배출하였습니다. 이 성공의 8단계는 현재까지 세계에서 가장 많은 성공자를 탄생시키고 입증된 사업지침 원리이며 사업정보 환경입니다. 즉, 이 시스템은 각종 자료와 모임으로 구성된 정보의 집합체입니다. 따라서 네트워크 마케팅 시스템에 관한 지식을 신속하게 배우고 실행한다면 비전과 감각이 있는 여러분은 여러분 그룹에 새로운 파트너들을 매우 빠르게 성공시킬 수 있을 것입니다.

여러분이 네트워크 마케팅 사업자로 지금 막 시작했던지 아니면 이미 기존에 사업을 이끌고 있는 사업자든 간에 체계적인 여러분의 시스템을 갖고 있어야 하는데 소요되는 시간은 사람마다 차이가 납니다. 과거에는 많은 사람들이 개인적인 판단과 과도한 욕심으로 사업을 진행하였고, 그 과정에서 기업이 추구하는 고귀한 가치의 본질이 많이 변질되었습니다. 이를 계기로 다양한 직종, 다양한 사람들이 질서정연하고 일관성 있게 사업을 진행해 나갈 수 있는 방안의 필요성을 느끼게 되었고, 각자가 추구하는 꿈과 목표를 달성 하도록 도와줄 수 있는 체계적인 사업 진행 방법을 모색하게 되었던 것입니다. 그것이 바로 시스템이라고 부르는 체계적이고 과학적인 접근 방법이었으며, 사업의 지속적인 성장과 발전을 위한 올바르고 윤리적인 사업전개 방법입니다.

성공 시스템의 구성요소는 모두 필연적인 요소들입니다. 여러분 자신의 힘으로 하는 것이 아닙니다. 성공 시스템은 사람들이 성공할 수 있게 하는 습관 양식입니다. 성공 시스템의 거대한 정보영역에서는 뚜렷이 보이는 몇가지 원리와 지침이 있습니다. 우선 누구라도 따라 할 수 있는 사업 전개패턴을 설명할 성공의 8단계와 사업가로 필요한 행동습관 고게더 시스템이 추천하는 종합적 활동원칙, 시스템이 지향하는 정신 세계와 개인들의 성격분석 등 종합적으로 편성되어 있습니다.

> 시간은 한 번 가버리면 다시는 돌아오지 않는 선물이다.
> 지금 하고 싶은 일을 자꾸 미루는 사람에게 인생의 선물은 없다.
> - 제임스 그린 -

7. 어떤 도구(Tool)를 쓸까?

성공 도구(Tool)는 성공을 향해 나아가는 데 있어 우선적으로 중요하게 다루어야 하는 내용으로 기술적으론 어떤 것들이 있는지 알 수 있습니다. 많이 아는 만큼 능력도 좋아지는 동시에 자신감도 생기기 때문에, 지식을 쌓는 것은 무엇보다 중요합니다. 여러분이 네트워크 마케팅 사업을 진지하게 생각하면서 전문가로 평가받고 싶다면 처음부터 제대로 된 사업지원 도구를 가지고 시작해야 합니다. 시작 단계에서 올바른 결정을 내린다면 더욱 효율적이고 효과적으로 사업을 추진할 수 있을 뿐 아니라 다른 사람들도 여러분이 하는 그대로 따라 하게 될 것이기 때문에, 장기적으로 보면 시간과 돈을 절약하는 지름길이 됩니다.

각 회사와 그룹에서 사용하는 성공 시스템 툴이 준비되어 있을 것입니다. 오래 전부터 성공한 사람들이 만들고 사용해 온 성공 시스템 툴을 소개받아서 사업의 전개에 용이하게 사용하면 됩니다. 그러면 여러분도 머지않아 성공자의 대열에 오를 것입니다.

21세기 뉴 패러다임을 주도하고 글로벌 시대의 U-트레이드를 이끌 수 있는 그리하여 네트워크 마케팅에서 최고의 성공을 이루는 천만장자가 되시기를 간절히 바랍니다.

맑은 하늘

먹구름이 덮쳐 오고 비가 내린다.
그 뒤에는 맑은 하늘이 있다.

먹구름이 밀려오고 무지개가 걸린다.
그 뒤에는 맑은 하늘이 있다.

흐린 구름 사이로 터져 나오는 빛!
그 뒤에도 맑은 하늘이 있다.

마침내, 이 땅의 풍요로움을 지휘하고
누리는 건 맑은 하늘!

내셔널 파나소닉 창시자
마쓰시다 고노스게는
자신에게 하늘이 준
3가지 은혜가 있었다고 알려줍니다.

첫째로 가난한 집에 태어났기 때문에
부지런히 일해야 살 수 있다는 진리를 깨달았고,

둘째로 약하게 태어났기 때문에
건강의 소중함을 깨달아 90세까지
건강하게 살 수 있었으며,

셋째로 초등학교도 졸업하지 못하였기 때문에
이 세상 모든 사람을 스승으로 삼았던 것이
자신의 성공 비결이라는 것입니다.

지금 우리가 겪는 고통과 어려움의 시간들이
시련의 시간들이라면
이것이 곧 성공을 위한 축복의 시간들입니다.